La Monade Geroglifica

di

John Dee

Traduzione restauro e commento

a cura di

Fumero Cardano

La Monade Geroglifica, John Dee, 1564

Dello stesso autore:

Massoneria Moderna. 2023 - 1723 Un viaggio di 300 anni alla ricerca della Memoria del Futuro

Alice nel paese delle meraviglie. Un viaggio iniziatico

Frammenti di Luce Massonica - aforismi, proverbi e citazioni

Collana Antichi Tesori Massonici

Ricapitolazione di tutta la Massoneria o descrizione e spiegazione del geroglifico universale del Maestro dei Maestri, di François-Henri-Stanislas de L'Aulnaye, 1812

Il Grembiule. Tradizioni, storia e significato segreto, di Frank C. Higgins, 1914

Geometria Massonica, di Frank C. Higgins, 1920

Introduzione alla Libera Muratoria, a uso della Fratellanza e di nessun altro. In quattro parti, di W. Meeson, 1775

A ∴ U ∴ M ∴ La Parola Perduta, di Frank C .Higgins, 1914

Le origini della Massoneria, di Frank C. Higgins, 1916

Teologia Astrale e Astronomia Massonica, di R.H. Brown, 1882

Tutti i testi sono acquistabili su www.amazon.it

Per contatti: fumerocardano@gmail.com

Alle nostre Stelle

teneramente umane

senza le quali la nostra vita sarebbe fatalmente buia

Vuoi conoscere tutte le nostre iniziative editoriali?

IOHANNES DEE,
Londinensis,

Mathematicus Anglorum Celeberrimus
et Socius Collegii Trin. Cambriensis.
Nat. A. 1527. d. 13. Iulii. Den. A. 1608.

Indice

Introduzione - Lettera del traduttore

John Dee è stato un personaggio chiave della corte Elisabettiana le cui conoscenze, e impieghi nella corte, in qualche modo credo continuino a sfuggirci nel loro complesso.

Considerato un uomo dalle vaste conoscenze culturali, occultista, mago, alchimista, astronomo e astrologo, il suo nome ha avuto ampia risonanza nei secoli successivi.

La Monade Geroglifica è forse una delle opere che più ha avuto successo, giungendo ad influenzare numerosi autori successivi, inclusi, secondo alcuni studiosi, i primi *rosacroce.*

Quello qui tradotto, restaurato e commentato, è un piccolo tesoro, come Dee stesso lo definisce, la cui effettiva natura è ampiamente oggetto di discussione: opera alchemica, astronomica, cabalistica o matematica?

Sinceramente non ho nemmeno cercato di rispondere a questo quesito che, pur giustamente interessando molti accademici, non credo abbia reale utilità per gli studiosi di esoterismo.

Come ci ricorda John Dee, è tutto intrecciato e collegato, e i soli limiti che incontriamo sono quelli dati dalle barriere che ammettiamo, o tracciamo noi stessi, nelle nostre menti.

Dee unisce esoterismo e scienza, è figlio di un'epoca di transizione, e in questo testo ne offre chiara testimonianza, connettendo e richiamando teorie, concetti e anche approcci metodologici in apparenza distanti tra loro.

Meditare, speculare sul Geroglifico di Dee, seguendo le sue istruzioni, è un atto di liberazione, una vera e propria istruzione su come sia possibile smontare, rimontare e modificare ciò su cui riflettiamo, per sondare nuove realtà e penetrare segreti solo in apparenza sconnessi.

Tuttavia un testo così criptico e misterioso continua ancor oggi ad essere sfuggente.

Secondo alcuni studiosi John Dee avrebbe utilizzato questo volumetto per presentare un esempio di un nuovo linguaggio, che potremmo definire universale.

Personalmente questa teoria mi pare plausibile, sebbene su questo terreno di certo vi è solo il dubbio.

John Dee propone una propria cabala, che si focalizza su ciò che "è". La Monade di Dee parla di "tutte le cose visibili e invisibili, manifeste e più occulte, emanate dalla natura o dall'arte da Dio", a differenza, ad esempio, della cabala ebraica che per Dee si limita a studiare e meditare su ciò che viene scritto, sulle lettere, un prodotto umano.

Dee ritiene che con il suo metodo, o scienza, sarà possibile scoprire cose inaudite, come la squadratura del cerchio, e anche migliorare e potenziare le scienze matematiche, fisiche e quelle esoteriche.

Il metodo, o forse anche linguaggio, proposto da Dee sarebbe dunque strumentale all'esplorazione e comprensione del libro della natura scritto da Dio.

Evidentemente questo metodo, o linguaggio, è prodotto da elementi geometrici: Dee afferma che le lettere mistiche offerte da Dio sono "derivate da punti, linee rette e circonferenze dei cerchi".

Le lettere mistiche sono dunque il prodotto di compasso e squadra, o righello. Sul punto rimando al commento al testo.

L'eventuale tentativo di Dee di creare un linguaggio universale si inserisce per altro perfettamente in un più ampio contesto, quello rinascimentale, che ha assistito a numerosi tentativi proprio di trovare un linguaggio naturale universale che potesse superare il limite delle lingue vive: la distanza da Dio è la corruzione apportata da secoli di ignoranza.

Nella lettera di dedica della Monade, Dee afferma che

> *Le prime e mistiche lettere degli ebrei, dei greci e dei latini, uscirono solo da Dio e furono dati ai mortali. Le forme di tutte quelle lettere erano prodotte da punti, linee rette e circonferenze dei cerchi, disposti da un meraviglioso e saggio artificio.*

Anche la Monade di Dee è generata da punto, linea e cerchio.

Da un punto di vista cosmografico, il punto rappresenta la terra e il cerchio rappresenta il sole ma anche l'universo stellare che avvolge la terra. Il semicerchio rappresenta la luna e il doppio semicerchio alla base rappresenta il segno zodiacale dell'Ariete, che è il primo segno dello zodiaco, mentre la croce, composta da linee rette, si riferisce al regno degli elementi.

Secondo Dee il regno degli elementi è caratterizzato da una progressione dal punto alla linea, ma qui si ferma. In tal senso, il simbolo degli elementi è proprio la croce.

Al contrario, il regno celeste va oltre, perché la retta che ruota attorno al punto permette di generare il cerchio.

Sebbene il volumetto tiri in causa, e richiami, esplicitamente a volte, altre no, i pitagorici, questa differenza di progressione potrebbe essere in realtà stata presa da Dee dal commento agli elementi di Euclide di Proclo. A supporto di tale teoria si ricorda qui come Dee abbia scritto una superba introduzione proprio ad un edizione degli elementi di Euclide.

Orbene, Proclo nel commentario postulava che la linea e il cerchio erano principi di base di tutte le figure; come noterà il lettore, è proprio ciò che afferma Dee nel Teorema I.

Proclo, inoltre, individua nel punto il principio su cui si fondano tanto il cerchio quanto la linea, che sarebbe una sorta di flusso di un punto; anche queste idee le ritroviamo nel volumetto qui proposto.

IV

Appare interessante ricordare, inoltre, che secondo Proclo il cerchio è un dio tridico, ovvero Mercurio, chiamato anche in alcuni ambienti Ermete tre volte grande, Ermete Trismegisto.

E non è forse un caso che il sigillo della Monade contenga proprio il simbolo di Mercurio, che Dee definisce, fra le altre cose, anche "messaggero astronomico" inviato da Dio per "stabilire questa sacra arte della scrittura".

Senza omettere che nel testo Dee richiama la stessa tavola di smeraldo di Ermete, laddove ricorda che il padre e la madre sono il Sole e la Luna.

Ad ogni buon conto, Dee lo dice chiaramente, questo testo evidenzia il rapporto tra astronomia celeste e astronomia inferiore, ovvero l'alchimia.

Quello che ci offre Dee è dunque un biglietto per un viaggio che non potremo mai immaginare dove ci potrà condurre, finché non lo avremo iniziato.

Da Libero Muratore, aggiungo, ho rinvenuto in questo testo diversi spunti di riflessione interessanti, alcuni dei quali ho voluto sinteticamente richiamare nei commenti, ma che meriterebbero un approfondimento dedicato; servirebbe, insomma, una speculazione attenta sul rapporto tra la Monade Geroglifica e la ritualità massonica e sul suo simbolismo.

Forse non è un caso che Elias Ashmole, oltre a possedere questo testo, possedesse anche uno dei primi commenti della Monade.

Ma questa è un'altra storia, che magari riusciremo presto a raccontare.

Fumero Cardano ∴

Introduzione - il frontespizio della Monade Geroglifica

Prima di passare al contenuto dei teoremi della Monade, ci sembra opportuno soffermarci, seppur brevemente, sul frontespizio, che in parte è stato ricostruito e riprodotto in copertina con una veste grafica "moderna".

Osservando l'incisione, noteremo subito che abbiamo un arco trionfale, grazie al quale possiamo varcare la soglia e penetrare nei segreti custoditi dal volumetto.

L'ingresso è sormontato da una volta stellata, quasi a voler rappresentare un tempio non completato, e comunque a rimarcare l'importanza dell'astronomia.

Sotto questa volta campeggia quasi minaccioso il monito "Chi non sa impari o taccia".

In cima e ai lati abbiamo due vasi che custodiscono una pianta, probabilmente delle rose, che fanno capolino fra le foglie.

Nel disegno ricostruito gli si è voluto anche dare un colore, legato ad una supposizione dello scrivente in merito al loro significato.

Procedendo verso il basso, abbiamo due possenti colonne, che reggono l'intera struttura, contrassegnati dai quattro elementi.

Inoltre una colonna è adornata dal Sole, un'altra dalla Luna; entrambi i luminari lasciano scorrere delle gocce che fluiscono in dei recipienti.

Sul punto si dirà di più nel commento del volumetto.

Un versetto biblico si trova ai piedi dell'arco, Genesi 27:28, la benedizione di Isacco a Giacobbe: "Che Dio ti conceda rugiada del cielo e la fertilità della terra", passo generalmente interpretato alchemicamente come riferimenti ai due principali ingredienti medievali della Pietra Filosofale: Mercurio acquoso dei Filosofi, come la rugiada del cielo, e Zolfo infuocato e untuoso, il grasso della terra.

Attorno alla Monade che campeggia al centro un nastro intrecciato con delle scritte.

Da destra leggiamo "ΣΤΙΛΒΩΝ [Stilbôn] acumine stabili consummatus, omnium planetarum parens, et rex fit", cioè "Mercurio diventa il genitore e il re di tutti i pianeti quando è reso perfetto da un gancio appuntito stabile".

Interessante anche il cartiglio ovale a forma di uovo che circonda il glifo centrale, significativo sia per gli astronomi che per gli alchimisti, e che trova poi corrispondenza con quanto contenuto, e rappresentato, nel volumetto.

Osservando proprio questo ovale, noteremo che sopra vi sono ben due Mercurio sdraiati, o un doppio Ermete, mitico fondatore dell'alchimia, ritratto secondo l'immagine classica del dio Hermes fanciullo che indossa calzari alati e un caduceo, forse a rappresentare due segni zodiacali, entrambi governati dal pianeta Mercurio: Gemelli e Vergine.

Da notare, inoltre, un aspetto "grafico" forse non secondario, ovvero come le due verghe dei due Mercurio si tocchino in un punto centrale.

Ciò che Dee presenterebbe, quindi, è la sequenza della prima metà dello zodiaco: Ariete, Toro, Gemelli, Cancro, Leone, Vergine, che rimanderebbero ai pianeti Sole, Luna, Mercurio, Venere e Marte, ovvero ai metalli oro, argento, argento vivo, rame e ferro.

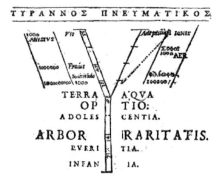

In questa immagine, che apre la dedicazione della Monade all'imperatore Massimiliano, Dee ricorre alla "Y" pitagorica quale simbolo della scelta tra una vita di virtù o di vizio che ogni persona incontra e deve affrontare.

Appare qui evidente inoltre l'influenza di Roger Bacon, venendo rappresentata una progressione di poteri su base dieci (numero che troveremo spesso nella Monade) per rappresentare i livelli di verità e la "rarità" di coloro che sono elevati in saggezza, verità e scienza.

Il percorso del tiranno porta all'abisso (inferno) ed ha tre livelli: *sollicitudo* (ansia), *fraus* (inganno) e *vis* (violenza).

Il percorso *pneumaticus* (spirituale), anch'esso con tre livelli, conduce il filosofo dalla terra verso gli altri elementi in un percorso di continua elevazione fino al fuoco che conduce all'"esplorazione e alla comprensione delle virtù superceleste e delle influenze metafisiche".

Il numero di coloro che raggiungono l'elevazione in questi tre livelli sono in rapporto di 1:10 rispetto ai livelli presieduti dal tiranno.

Su questa immagine si dirà altro nel corso del commento ed in appendice.

Teorema I

È attraverso la linea retta e il cerchio che si può dimostrare il primo e più semplice esempio e rappresentazione di tutte le cose, sia che tali cose siano inesistenti o che siano semplicemente nascoste sotto i veli della Natura[1].

---

[1] Questo primo teorema appare essere un preludio del Teorema II, che descrive l'universo come composto di punti, linee e cerchi. Tuttavia vi è un riferimento al velo, quasi a volerci suggerire che vi sia qualcosa di più, di oltre. E in effetti, non dovrebbe sfuggirci come nel Teorema I manchi il "punto", invece presente nel Teorema II. Potrebbe dunque essere, come si è detto nell'introduzione, una chiara influenza di Proclo su Dee, ma allo stesso tempo potrebbe contenere un primo avviso allo studioso attento: percepiamo solo una parte della realtà, non tutto, e i nostri studi, le nostre speculazioni non possono che iniziare da ciò che abbiamo modo di vedere, osservare e studiare. Ma l'assenza del punto potrebbe essere anche strumentale per alludere allo IOD di cui Dee fa cenno nella dedicazione di questo testo, graficamente rappresentato dalla lettera Φ, linea e cerchio. Nella dedicazione Dee afferma "Ma, ora, io non ho la pretesa di esigere che tutti i grammatici lo riconoscano, ma voglio comunque chiamare a testimonianza coloro che lavorano per svelare i segreti misteri delle cose sul fatto che abbiamo addotto (con la nostra Monade) un raro esempio di questo genere, e, inoltre, di avvertire amichevolmente codesti testimoni che le prime Lettere mistiche degli Ebrei, dei Greci e dei Romani, formate da Dio solo e trasmesse ai mortali (ciò che può opporsi all'arroganza umana), così come tutti i segni che le presentano, sono stati prodotti per mezzo di punti, linee rette e perimetri circolari (disposti con arte meravigliosa e sapientissima)". Probabilmente Dee deve questa idea a Geofroy Tory che nel 1529 pubblicò il testo *Champ Fleury*, nel quale, fra le altre cose, il francese affermò che tutte le lettere latine sarebbero derivate dalle lettere I e O (si veda l'appendice). Lo IOD nelle mani di John Dee diviene un simbolo mutevole: geometrico (linea e cerchio), matematico (1 e 0, tutto e nulla, la dualità, ma anche 10, scala usata da Tory e che rileva anche nel testo di Dee) ed anche origine, seme, dell'alfabeto.

Teorema II

Né il cerchio senza la linea, né la linea senza il punto, possono essere prodotti ad arte[2].

È, quindi, in linea di principio in virtù del punto e della Monade che tutte le cose iniziano ad emergere.

Ciò che è posto alla periferia, per quanto grande possa essere, non può in alcun modo mancare del supporto del punto centrale.[3]

---

[2] Anche qui assistiamo a una probabile influenza di Proclo.

[3] Così come il primo teorema esclude apparentemente il punto, il secondo teorema lo rende l'elemento chiave. Il punto è l'elemento geometrico fondamentale, così come l'1 è la chiave matematica. Equipaggiato di un valido compasso, Dee vede la struttura dell'universo come geometrica, rappresentata da punti e linee rette. La geometria e la matematica diventano quindi strumento e linguaggio. Dee prende le mosse dalla base della geometria euclidea, ovvero punto che diventa linea che traccia un cerchio. Il punto è la Forza ancora intangibile, necessaria affinché si possano avere forme concrete. Grazie al movimento, il punto traccia queste forme su un piano bidimensionale.

Teorema III

Pertanto, il punto centrale che vediamo al centro della Monade geroglifica riconduce alla Terra[4], attorno alla quale il Sole, la Luna e gli altri pianeti seguono i loro rispettivi percorsi[5].

---

[4] Questo passaggio merita un'accurata meditazione. Se consideriamo il testo in esame come un lavoro dedicato all'astronomia, sembrerebbe evidente l'allusione alla teoria geocentrica. Eppure prima di accettare questa idea, dovremmo considerare due cose: la prima è la centralità del pensiero. Chi pensa, medita, specula, diviene il centro da cui irradiano i suoi pensieri e le sue speculazioni. Chi osserva individua e utilizza punti di riferimento utili e coerenti alla sua posizione. Se così fosse, la mappa che John Dee ci aiuta a tracciare potrebbe non essere solare o stellare, ma psicologica, interiore, una mappa che ci aiuta ad orientarci nella nostra coscienza. D'altra parte non è questa la promessa dell'alchimia? O delle ulteriori scienze esoteriche, studiate da John Dee e in parte anche da lui citate? Ed allora, in tal caso il regno dell'uomo, non potrebbe che essere simbolicamente il centro, il punto di partenza del percorso di comprensione del proprio Io. Analizzando questo assunto da un punto di vista cabalistico e pitagorico, come suggerisce di fare Dee in tutto il testo, non possiamo evitare di pensare che la Sephira numero 10 è Malkuth, proprio il punto di partenza dell'uomo che intende risalire questo albero, così come secondo i pitagorici la *tetractys,* simbolo degli gli studi iniziatici e non, principiava da un punto, posto all'apice.

[5] Ogni astro ha un proprio percorso, un ritmo, una frequenza, insomma una propria impronta in totale armonia con gli altri astri e pianeti.

Ciò considerato, poiché il Sole ha la dignità suprema[6], lo rappresentiamo con un cerchio completo[7] e con un centro visibile.

---

[6] Assegnare al Sole il ruolo preminente e centrale della stessa Monade dovrebbero indurci a non pensare che John Dee, nella frase precedente, alludesse al sistema geocentrico.

[7] Assistiamo in questo teorema al passaggio dal piano bidimensionale del teorema II a quello tridimensionale: il movimento delle sfere celesti.

Teorema IV

Sebbene il semicerchio della Luna sia posto sopra il cerchio del Sole e sembrerebbe essere superiore, rispetta il Sole tanto come suo signore che come suo Re, e si vede che si rallegra a tal punto della sua forma che cerca di emularlo nella grandezza del semidiametro (come appare agli uomini volgari) e, allo stesso tempo, riflette sempre la sua luce. Dunque, desidera talmente essere impregnata dai raggi solari che, quasi in lui trasformata, sparisce totalmente dal cielo sino a che, dopo un certo numero di giorni, come abbiamo rappresentato, appare la figura falcata

Teorema V

E davvero offro il completamento dell'idea del cerchio solare aggiungendo un semicerchio per la Luna[8], perché il mattino e la sera furono creati il primo giorno, ed è stato quindi nel primo (*giorno*) che la LUCE dei Filosofi è stata fatta[9].

---

[8] Non sarà un caso che sia proprio il teorema V a essere dedicato alla Luna; in tal senso si pensi a Venere e al pentagramma.

[9] Dee sembra qui voler evidenziare come la "Luce dei Filosofi" sia conquistabile quando il sole e la luna sono effettivamente uniti. Appare opportuno rammentare come nella Bibbia sia ben affermato che all'inizio della creazione, il primo giorno, fu creata la Luce; il sole e la luna furono generate successivamente, dunque la luce dei filosofi ha origine differente rispetto i due elementi astronomici. Abbiamo qui anche il primo "incontro" con la parola LVX, la cui comprensione diviene essenziale per il processo alchemico. Sarà comunque il Teorema XVII a essere dedicato a questa parola chiave. Dal presente teorema però traiamo anche un'ulteriore informazione: Dee ci indica che l'Arte dell'alchimia è strettamente connessa al tempo (riferimenti ai momenti biblici), e allo spazio (la creazione, il posizionamento e dunque il movimento degli astri, qui connesso al movimento a forma di pentagramma di Venere).

Teorema VI

Vediamo qui che il Sole e la Luna sono sostenuti da una Croce ad angolo retto[10]. Questa Croce può significare in modo appropriato, e per ragioni sufficienti nel nostro geroglifico, sia il Ternario che il Quaternario[11].

Il Ternario è costituito dalle due linee rette aventi un centro copulativo.[12]

Il Quaternario è prodotto da quattro linee rette che racchiudono quattro angoli retti[13].

---

[10] Velatamente, ma coerentemente con l'impostazione anche astronomica del testo, Dee ci presenta Mercurio, il cui simbolo astronomico è il ben noto ☿. Nel Teorema V abbiamo incontrato il pentagramma di Venere, quale figura rappresentata dal percorso di Venere come osservato dalla terra. Ed ora, proprio nel Teorema VI, ci imbattiamo nell'esagramma, proprio la forma che assume il modello di congiunzioni tra Mercurio e il Sole, visto dalla terra.

[11] Compaiono qui i primi chiari riferimenti a quei numeri "sacri", dai significati occulti, ovvero celati, noti agli esoteristi. Siamo partiti dal binario, sole e luna, la cui congiunzione permette di passare al ternario, attraverso un'attività copulativa e generativa.

[12] Ternario in quanto la croce + sarebbe rappresentata da 2 rette, una perpendicolare e una verticale, e da un punto centrale.

[13] La stessa croce può essere considerata anche come formata da 4 rette più piccole, da qui il riferimento al quaternario.

Entrambi questi elementi[14], le linee o gli angoli retti, ripetuti due volte, quindi, ci offrono nel modo più segreto l'Ottada[15], che non credo fosse noto ai nostri predecessori, i Magi, e che osserverete con molta attenzione.

Il ternario magico dei primi Padri e dei saggi consisteva in Corpo, Anima e Spirito[16].

Pertanto, abbiamo qui manifestato il Settenario primario[17], vale a dire formato da due rette e dal punto comune e, poi, dalle quattro rette che si separano a partire da un punto.

[14] Il riferimento che segue non è come ci si potrebbe aspettare al numero 7, ma all'8. Tuttavia il numero sette conquista una sua posizione nel testo di Dee nel teorema XXIII, cui si rimanda.

[15] Qui Dee allude al raddoppio della croce considerata come simbolo del quaternario; in questo caso, difatti, avremmo due croci simbolo del 4, dunque 8.

[16] Considerato il rapporto tra questo testo e la cabala, il ternario qui richiamato riporta alla mente il ternario cabalistico *nephesch*, *ruach* e *neschamah*, le tre parti dell'anima.

[17] Settenario in quanto, in questo caso, Dee fa riferimento alla croce come simbolo del 3 e alla croce come simbolo del 4. Numerose potrebbero essere le meditazioni sul numero 7; qui ci limitiamo a ricordare come sette siano i pianeti e i metalli.

Teorema VII

Una volta che gli elementi siano stati tolti dalle loro sedi naturali, le loro parti omogenee, trasferite in luogo più adatto, insegneranno all'uomo che ne fa esperienza che è attraverso delle linee rette che esse effettuano naturalmente il loro ritorno agli stessi elementi[18]: non sarà allora assurdo che si accenni al mistero riguardante i quattro Elementi (nei quali può essere risolta ognuna delle cose elementate) con quattro rette che si dipartono in sensi contrari da un unico punto indivisibile[19].

Fate attenzione: i Geometri insegnano che la linea è prodotta dal fluire del punto e noi avvertiamo che deve essere così per una ragione simile, dato che le nostre linee elementari sono prodotte da una continua caduta (quasi come un flusso) di gocce[20] (a guisa di punti fisici) nella nostra Magia Meccanica.

---

[18] I quattro elementi, Fuoco Aria Terra e Acqua, principiano dal, ma tornano anche nel, punto centrale. Si intravede dunque il potere della Sfera.

[19] Ogni linea è un flusso di punti in movimento. Questo movimento parte dal punto centrale per poi allontanarsi da esso verso la periferia, proprio come in una esplosione, in un Big Bang dal quale tutto promana.

[20] Sul punto appare interessante osservare, con occhi attenti, il frontespizio del testo di Dee, posto in copertina (graficamente riprodotto dal traduttore) e ad inizio del testo, originale.

Teorema VIII

Inoltre, l'espansione cabalistica del Quaternario secondo la formula comune della notazione (così come diciamo 1, 2, 3 e 4) è una forma abbreviata o ridotta del Denario[21].

Per questo Pitagora aveva l'abitudine di dire: 1, 2, 3 e 4 fanno 10.

Non è un caso che la croce ad angolo retto, vale a dire la ventunesima lettera dell'alfabeto romano[22], venne motivatamente assunta dai più antichi Filosofi Latini a rappresentare il Denario, essendo considerata formata da quattro linee rette.

Inoltre, dallo stesso Denario è stato definito il luogo in cui il Ternario conduce la sua forza nel Settenario[23].

---

[21] Chiaro il riferimento alla *tetractys* pitagorica.

[22] Dee fa riferimento alla lettera X, che ha la forma di una croce leggermente ruotata.

[23] La X come detto è la 21° lettera, pari a ternario per settenario, ovvero 3 x 7. Dee ricorre alla numerologia pitagorica, ma anche cabalistica, che qui, nel testo in esame, sembra assumere una valenza alchemica. I numeri, le corrispondenze tra numeri, e forme geometriche rappresentano elementi e fasi alchemiche. Ad esempio, il 3 e il 4 rappresenterebbero la composizione della materia mentre il 7 i metalli. Ecco che inizia a prendere corpo e consistenza la Grande Opera dell'Alchimista.

Teorema IX

Vediamo che tutto questo si accorda perfettamente con il Sole e la Luna della nostra Monade, perché, con la magia dei quattro Elementi, deve essere fatta un'esatta *separazione*[24] nelle loro linee originali; poi, attraverso la periferia delle stesse linee, verrà fatta la *congiunzione* circolare, come completamento del circolo solare, perché per quanto lunga possa essere una data linea, è possibile descrivere un cerchio che passa attraverso i suoi estremi, seguendo le leggi dei geometrici.

---

[24] Il processo alchemico richiede un'iniziale separazione, cui deve fare seguito un lungo e lento processo di congiunzione.

Pertanto, non si può negare quanto siano utili il Sole e la Luna alla nostra Monade, in combinazione con la proporzione Denaria della Croce[25].

Teorema X[26]

La figura seguente del dodecatemore[27] dell'Ariete[28], in uso tra gli astronomi, è la stessa per tutto il mondo (una

---

[25] Dee sostiene che la proporzione denaria (1 a 10), rappresentata dalla croce, sia compatibile anche con il cerchio solare o lunare. A tal proposito Dee vuole dimostrare che il cerchio può essere tracciato anche passando attraverso i punti estremi delle linee rette che formano la croce; si ottiene così una congiunzione circolare della croce. Il simbolo di una croce che divide in quattro parti il cerchio sembrerebbe rimandare al concetto alchemico della separazione e della congiunzione degli elementi, *solve et coagula,* opera svolta nel continuo come ci indica la forma circolare, di cui Dee parla proprio agli inizi del teorema in esame. Un ulteriore aspetto interessante è il processo alchemico in proporzione "10". Sul punto potrebbe essere sufficiente rimandare a un testo scritto da Edward Kelly: "Prendete dell'aria o rugiada celeste, essendo ben purificata, dieci parti, e una parte di sottile calcagno d'oro mettetela in digestione, scioglietela e coagulatela". Queste istruzioni per altro seguono proprio le indicazioni su come *dissolvere* il sole e la luna. Questi collegamenti non dovrebbero stupire in considerazione dello strettissimo rapporto personale esistente tra Dee e Kelly.

[26] L'autore affida al X teorema il compito di riepilogare i primi teoremi sulla decade.

[27] Si nota qui lo strano ricorso alla parola latina *dodecatemore* in luogo di zodiaco. Forse Dee vuole indicarci, anche con questa scelta, l'opportunità di procedere parallelamente sia per via geometrica che per via astronomica/zodiacale.

[28] Fa riflettere il riferimento al simbolo dell'Ariete, il primo segno dello zodiaco, piuttosto che allo stesso Ariete.

sorta di curva sia tagliente che appuntita), e si capisce che indica l'origine in quella parte del cielo della triplicità infuocata[29].

Pertanto, abbiamo aggiunto il segno astronomico Ariete per significare che nella pratica di questa Monade è richiesto l'uso del fuoco[30].

Concludiamo la breve considerazione geroglifica della nostra Monade, che riassumeremmo in un unico contesto geroglifico:

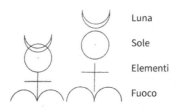

Il Sole e la Luna di questa Monade desiderano che i loro Elementi, in cui fiorisce la proporzione denaria, siano

---

[29] Ancora una volta Dee afferma che è il fuoco la forza di cui abbiamo necessità per la nostra Opera.

[30] Nel dividere in più parti la Monade, John Dee aggiunge al sole, alla luna e agli elementi proprio il fuoco, che ovviamente in questo contesto sembrerebbe essere qualcosa di differente rispetto il fuoco elemento.

separati, e questo viene fatto mediante il ministero del Fuoco[31].

---

[31] Qui il segno dell'Ariete sembra simboleggiare il magistero nella prassi dell'alchimista. Il fuoco è un elemento basico dell'alchimia, un'arte simboleggiata dal geroglifico della monade. Il processo alchemico richiede calore; la pietra grezza viene trasformata attraverso numerosi fasi alchemiche, le prime delle quali richiedono la distruzione del vecchio materiale.

Teorema XI

Il segno mistico dell'ariete, composto da due semicerchi connessi in un punto comune[32], è giustamente attribuito al luogo della Nictemera equinoziale, perché il periodo di ventiquattro ore diviso per mezzo dell'equinozio denota le nostre Segretissime Simmetrie[33].

Dico nostre per quanto riguarda la Terra.

---

[32] La precisazione di Dee sembrerebbe chiarire che i due semicerchi, differenti e che si toccano in un punto comune, rappresenterebbero qualità separate che devono trovare una unione attraverso il lavoro alchemico. Secondo la letteratura alchemica sembrerebbe che tali differenti qualità sarebbero simbolicamente gli elementi. Ecco dunque che il fuoco diviene strumento, non elemento, per consentire di lavorare gli elementi, affinché sia raggiunto un equilibrio ed una armonia non acquisibili senza la Grande Opera.

[33] Il segno dell'ariete rappresenta l'equinozio di primavera, quando si hanno 12 ore di luce e 12 di buio. Tuttavia, considerato il riferimento ai movimenti astronomici del sole, alcuni studiosi hanno supposto che tale riferimento sia ai segreti numeri precessionali.

Teorema XII

Gli antichi saggi Magi ci hanno trasmesso cinque segni
geroglifici dei pianeti, tutti composti dai segni usati per la
Luna e il Sole[34], insieme al geroglifico degli Elementi e
dell'Ariete, schema che diventerà evidente a coloro che
esaminano queste figure:

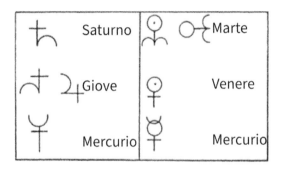

Ognuno di questi segni non sarà difficile da spiegare
secondo il modo geroglifico in considerazione dei nostri
principi fondamentali, già postulati. Per
cominciare, parleremo in parafrasi di quelli che
possiedono le caratteristiche della Luna, in
seguito, di quelli che possiedono un carattere

---

[34] Dee illustra i geroglifici planetari chiarendo che tutti sono
composti dal simbolo degli elementi, dall'ariete e da uno dei
due luminari, il Sole o la Luna. Dee suggerisce pure che i
geroglifici planetari sono stati disegnati dagli antichi sapienti-
astrologi in considerazione di uno studio astronomico del
movimento planetario osservato dalla posizione della Terra.

solare[35]. La nostra natura lunare, ancora attraverso la scienza degli elementi, fatta una rivoluzione intorno alla nostra Terra, veniva chiamata misticamente Saturno e, immediatamente dopo, per lo stesso motivo, aveva anche il nome di Giove e conteneva questa figura più segreta. La Luna, elementata per la terza volta, veniva così rappresentata più oscuramente e solevano chiamarla Mercurio:

Vedete com'è lunare. Che debba essere condotta attraverso una *quarta* rivoluzione non sarà contrario al nostro disegno più segreto, qualunque cosa dicano alcuni saggi. In questo modo il Purissimo Spirito Magico amministrerà, al posto della Luna, l'albificazione e, per la sua virtù spirituale, parlerà Geroglificamente solo con noi, senza far uso di parole, introducendo ed imprimendo queste quattro figure Geogamiche nella purissima e

---

[35] I riferimenti di Dee sono ai pianeti e ai loro simboli, rappresentazione di un processo di creazione. Come viene detto nella Bibbia, in principio furono creati il cielo e la terra, dunque si è avuta la separazione fra luce e tenebre. La terra diviene nera, Saturno. Il passaggio successivo vede interessato Giove, che ha posto i colori dell'arcobaleno nei cieli. Poi è il turno di Mercurio, coronato da una luna crescente. Solo dopo il quarto giorno compaiono la Luna e il Sole, dunque la prima fase non gode della loro luce. Alchemicamente è tutto color luna, color argento; siamo per Dee nella fase dalbificazione.

semplicissima Terra da noi preparata o, in luogo delle altre figure, introdurrà quest'ultima.

Teorema XIII

 Ora guardate il simbolo mistico di Marte[36]! Non è formato dai geroglifici del Sole e dell'Ariete, con un intervento solo parziale del magistero degli Elementi[37]? E quello di Venere, chiedo io, da cosa è costituito se non dal Sole e dagli Elementi, nella più esauriente delle spiegazioni? Questi Pianeti, dunque, riguardano la periferia Solare e l'attività di analisi mediante il Fuoco, nel progresso della quale, finalmente, diventa visibile quell'altro Mercurio, Fratello uterino del Primo[38]. Opera della completa Magia Lunare e Solare degli Elementi, questo stesso Geroglifico Messaggero ci parla senza dubbio in modo molto chiaro e noi vogliamo porgere orecchio e fissare gli occhi su di lui con molta attenzione. E (per volontà di Dio) è il Mercurio dei

---

[36] Inizia con Marte la sequenza solare; Dee ripercorre dunque i vari segni caratterizzati proprio dalla presenza del simbolo solare, che rappresenta le caratteristiche "solari" dei pianeti interessati.

[37] Sole, ariete e una linea costituiscono il simbolo di Marte.

[38] Incontriamo dunque il secondo Mercurio che è sia lunare che solare.

Filosofi, il microcosmo molto celebrato come Adamo[39]. Pertanto, alcuni dei più esperti erano inclini a metterlo in una posizione e dargli un rango uguale al Sole stesso.

Questo non possiamo osservarlo nell'epoca attuale se non aggiungiamo a questa opera crisocorallina una certa Anima separata dal Corpo dall'arte pirognomica[40]. È molto difficile farlo e molto pericoloso a causa del fuoco

---

[39] Adamo rappresenta la saggezza alchemica, però il nome sembra richiamare allo stesso tempo un principio attivo dell'alchimia, essenziale per la produzione della pietra filosofale, ovvero la *terra rossa*. Difatti il nome Adamo sembrerebbe derivare a *Adon,* ovvero proprio *terra rossa.* Dee definisce questo principio anche *Mercurio dei filosofi.*

[40] Siamo agli inizi dell'opera alchemica, che necessita di calore perché si ottenga la dissoluzione della materia prima, simbolicamente rappresentata anche attraverso il ricorso a un crogiolo che viene posto dentro una fornace. Davvero interessante è la parola utilizzata, *pyrognomica*, termine che richiama anche il concetto di pira funebre e, volendo, persino di piramide. L'idea di fuoco che permette la dissoluzione e la conseguente rigenerazione ci collega nuovamente all'INRI. Richiamando in vita la leggenda di Iside e Osiride, alcuni autori hanno utilizzato l'acronimo INRI per *Isis Naturae Regina Ineffabalis.* Riflettendo invece sul significato tradizionale di INRI, la crocifissione è vista da alcuni studiosi come un'allegoria astronomica. Su questo punto può essere interessante per i Liberi Muratori o studiosi meditare sui punti di contatto con la teoria dell'allegoria astronomica del rituale del terzo grado (si rimanda al testo *Teologia astrale e Astronomia Massonica,* tradotto dallo scrivente e reperibile su www.Amazon.it)

e dello zolfo che il respiro contiene al suo interno[41]. Ma certamente quest'Anima può compiere cose meravigliose. Senza dubbio in quel momento bisogna legare con

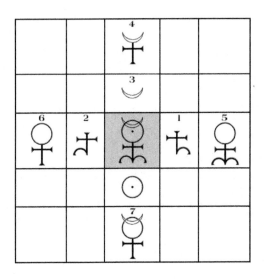

---

[41] Probabilmente Dee qui allude ai "gas", a ciò che viene liberato durante la dissoluzione per mezzo del calore. Si assiste dunque alla evaporazione, alla volatilizzazione del composto. Il pericolo segnalato da Dee è proprio legato alla presenza di zolfo, facilmente infiammabile in un contesto operativo ad alta temperatura.

indissolubili legami Lucifero al disco della Luna (o, per lo meno, di Mercurio) o, meglio, Marte[42].

E allora, in terzo luogo (come vogliono) bisogna che questo Sole dei Filosofi ci appaia (per completare il nostro numero settenario). Vedete quanto precisamente e quanto chiaramente questa Anatomia della nostra Monade Geroglifica corrisponda a ciò che significano gli arcani di questi due Teoremi[43].

---

[42] Il portatore di Luce, Lucifero, è qui associato a Mercurio, Hermes, simbolo del microcosmo, e al rinato Adam Kadmon. Appare interessante notare come la parola latina utilizzata da Dee è *anima*, che ha un collegamento nei papiri magici con l'organo sessuale femminile, divenendo dunque un sinonimo di *physis*. La traduzione con anima dunque potrebbe celare ai nostri occhi questo significato carico di sessualità che porterebbe ad intendere il Fuoco creatore come simbolo del fallo.

[43] I due teoremi XII e XIII sembrano quindi affermare che la Monade custodirebbe, fra i diversi, due distinti segreti: il Teorema XII i numeri precessionali e il Teorema XIII la gnosi tantrica.

Teorema XIV

È quindi chiaramente confermato che l'intero magistero dipende dal Sole e dalla Luna. Ermete Trismegisto ce lo ha detto[44] affermando che il Sole è suo padre e la Luna è sua madre: e sappiamo invero che si nutrono nella terra rossa (*terra lemnia*)[45]. Naturalmente i raggi lunari e solari esercitano la stessa unica influenza.

---

[44] Segue un chiaro riferimento alla Tabula smaragdina.

[45] Il richiamo alla terra di Lemno riporta alla mente la fucina di Vulcano, situata proprio sull'isola. Nuovamente Dee sembrerebbe puntare l'attenzione sull'utilizzo di un *Athanor* per ottenere il matrimonio alchemico tra il Sole e Luna, maschile e femminile, mercurio dei filosofi e zolfo dei filosofi. Questo richiamo velato a Vulcano potrebbe aprire la porta a meditazioni su un ulteriore personaggio mitico, legato ai metalli e alla loro lavorazione, di provenienza ebraica e il cui simbolismo sembrerebbe entrato nella tradizione massonica, forse come velo o comunque come elemento di una "nuova" facciata.

Teorema XV

Suggeriamo, quindi, che i filosofi considerino le influenze del Sole e della Luna sulla Terra[46]. Noteranno che quando la luce del Sole entra in Ariete, allora la Luna, quando entrerà nel segno successivo, vale a dire il Toro[47], riceverà una nuova dignità di luce e sarà esaltata in quel segno al di sopra delle sue virtù innate[48]. Gli Antichi spiegavano questa vicinanza degli astri - la più notevole di tutte - con un certo segno mistico: nell'insigne nome del Toro. È davvero certo che esiste questa esaltazione della Luna che nei loro trattati testimoniano gli astronomi dei tempi più antichi.

Questo mistero può essere compreso solo da coloro che sono diventati i Pontefici Assoluti dei Misteri. Per lo

---

[46] Quelle che seguono sono riflessioni astronomiche e astrologiche sul perché si dice che la Luna sia esaltata in Toro mentre il Sole lo è in Ariete.

[47] Due riflessioni: in primo luogo, la figura geroglifica del Toro ♉ è la stessa del dittongo dei greci che è sempre stato usato per terminare il genere singolare; in secondo luogo, una semplice rotazione di un cerchio e mezzo, tangenti e dallo stesso diametro, richiama la lettera α.

[48] Dee indica il momento più propizio per iniziare l'Opera: la primavera, momento astronomico in cui si realizza la massima esaltazione del Sole e della Luna. Non è un caso che anche in una delle più antiche organizzazioni iniziatica mondiali oggi attive, la Massoneria, i tempi simbolicamente coincidano. Suggestiva, infine, la riflessione su un possibile riferimento, tramite il segno del Toro, ai culti misterici che sono sorti durante l'epoca governata da questo segno.

stesso motivo hanno detto che il Toro si trova nella casa di Venere[49], vale a dire dell'Amore coniugale, casto e prolifico[50], infatti il grande Ostane[51] occultò così, nei suoi segretissimi misteri, quanto sopra: "La Natura si delizia della Natura". Queste esaltazioni sono acquisite dal Sole, perché lui stesso, dopo aver subito molte eclissi della sua luce[52], ha ricevuto la forza di Marte e si dice che

Taurus	♉	Esaltazione della Luna
	✝	Elementi
Aries	♈	Esaltazione del Sole

trionfi in questa stessa casa, che è il nostro Ariete, come accade nella sua Esaltazione.

---

[49] Nel testo latino *Veneris*, genitivo, cui seguono evidenziati nel testo originale le parole *Taurum e Coniugalis Amoris*. Questo, oltre ai numerosi giochi di parole che i termini Veneris e Monad potrebbero scatenare, sembrerebbe rinforzare l'idea di una unione sessuale sacra, quella che i greci erano soliti chiamare *hieros gamos*, l'unione del sole e della luna.

[50] La congiunzione degli astri è qui simbolicamente richiamata ancora una volta.

[51] Alchimista persiano, potrebbe essere in realtà uno pseudonimo utilizzato in periodo ellenistico da numerosi Magi.

[52] Il Sole che si eclissa rappresenta la *nigredo,* la prima fase alchemica in cui si lascia morire, putrefare il corpo, la materia prima. Questa eclissi di luce preannuncia però la rinascita e il matrimonio alchemico, grazie al quale sarà possibile produrre la pietra filosofale.

26

Questo mistero segretissimo è chiaramente e perfettamente mostrato nella nostra Monade dalla figura geroglifica del Toro[53], che è qui rappresentata, e da quella di Marte, che abbiamo descritto nel Teorema XII e nel Teorema XIII, e che indica il Sole che tende attraverso una linea retta verso il segno dell'Ariete.

Con questa teoria si offre un'altra analisi cabalistica della nostra Monade, di cui questa è la vera spiegazione ad arte: le esaltazioni della Luna e del Sole sono fatte per mezzo della scienza degli Elementi.

Annotazione

A mio parere, ci sono due cose che dovrebbero essere particolarmente notate qui. In primo luogo, che il simbolo geroglifico del Toro rappresenta anche per noi il dittongo dei Greci, che è sempre la terminazione del singolare Genitivo della prima Declinazione. In secondo luogo, attraverso la semplice trasposizione, la lettera ALPHA è dimostrata in due modi: o con il cerchio e il mezzo cerchio Tangente o (come mostrato qui) che si intersecano.

---

[53] Il geroglifico del toro, che richiama antichi simboli "cornuti", si ottiene anche attraverso un antico simbolo pitagorico: la *vesica piscis*. Il collegamento con l'antica Grecia sembra per altro confermato dal richiamo, in greco antico nel testo originale, delle parole di Ostane.

Teorema XVI

Dobbiamo ora, in considerazione del nostro argomento, filosofare per un breve periodo sulla Croce. E' necessario che la nostra Croce sia composta da due rette e, per di più, eguali (come si è già detto), che, tuttavia, non si intersechino mutuamente in lunghezze eguali; vogliamo invece che si abbiano delle parti ora eguali ed ora ineguali nella distribuzione Mistica della nostra Croce[54].

Queste parti mostrano che una virtù è nascosta sotto il potere della divisione della Croce Equilatera in due parti, perché sono di uguale grandezza. In generale, la Croce deve essere composta da angoli retti uguali, poiché la natura della giustizia richiede che la Croce debba essere certamente formata dall'incrocio eguale delle linee, a forma di X. In conformità con questa giustizia, proponiamo di esaminare con cura ciò che segue riguardo alla Croce Equilatera (che è la ventunesima lettera dell'alfabeto latino).

Se, attraverso il punto comune in cui gli angoli opposti si incontrano nella nostra croce rettilinea, rettangolare ed equilatera, immaginiamo una linea retta che la divide in due parti, allora su entrambi i lati della linea così attraversata troviamo che le parti sono perfettamente

---

[54] La croce di Dee difatti non vede le rette intersecarsi in punto centrale per entrambe; ricorrendo al linguaggio architettonico, la croce di Dee è latina e non greca.

uguali e simili. E queste parti hanno una forma simile a quella lettera dei Romani che è considerata la quinta delle vocali e che è stata spesso usata dai più antichi filosofi latini per rappresentare il numero cinque[55].

Questo, faccio notare, non è stato fatto da loro senza una buona ragione, perché in realtà è la metà esatta del nostro Denario. Noi, dunque, siamo mossi da quelle parti provenienti dalla figura così duplicata (da quella ipotetica divisione della Croce), per il fatto che ambedue rappresentano il Quinario (benché l'una sia retta e l'altra sia, così, riversa), a mostrare qui la Moltiplicazione Quadrata delle Radici Quadrate (poiché questo mirabilmente capita nel numero circolare, vale a dire il Quinario), da cui, invero, si trova ad esser prodotto il numero venticinque (dato che la stessa è la ventesima lettera e la quinta delle vocali)[56].

Considereremo ora un altro aspetto di questa stessa Croce Equilatera, quello che segue si basa sulla posizione mostrata nella nostra Croce Monadica. Supponiamo che una divisione simile della Croce in due parti sia fatta come nel disegno affianco. Ora vediamo la forma germinante di un'altra lettera dell'alfabeto latino: l'una eretta, l'altra rovesciata e opposta. Questa lettera è usata

---

[55] Dee si riferisce alla V, utilizzata dai romani per indicare il valore 5; si anticipa sin d'ora che Dee giocherà anche con la sovrapposizione rinascimentale U/V.

[56] Ovvero, numero romano V (5) x V (5) = 25; ma il numero 25 è anche uguale a 20 (dunque V, che corrisponde alla 20° lettera dell'alfabeto latino) + 5 (U - scritto V - è la 5° vocale romana).

(secondo l'antica usanza dei latini) per rappresentare il numero cinquanta[57]. Da qui sembra che discenda, per prima cosa, il fatto che questo segno del Quinario sia essenzialmente estratto dal nostro Denario della Croce e che la medesima Croce sia il perfettissimo Segno Geroglifico, messo in quella posizione in cui si trova indicato il Massimo di tutti i Misteri . Pertanto, racchiuso all'interno della forza quinaria c'è il potere del Denario, da cui deriva il numero cinquanta come proprio prodotto.

Oh, mio Dio, quanto sono profondi questi misteri! E il nome EL[58] è dato a questa lettera! E proprio per questo, vediamo che risponde alla virtù di dieci della Croce, perché, a partire dalla prima lettera dell'alfabeto, L è la decima lettera, e contando all'indietro dalla lettera X,

---

[57] Si parla ovviamente della "L", usata dai romani per indicare il numero 50.

[58] Probabile gioco cabalistico di Dee basato sul suono, si è quindi qui conservato in testo originale. Per limitare il rischio che questo spunto non sia colto, al di là dell'aspetto fonetico, che meriterebbe ulteriori accorte riflessioni, si richiama quanto scritto da A. Distefano nel suo pregevolissimo commento esoterico alla Divina Commedia sulle ultime parole di Adamo contenute nel XXVI canto del Paradiso: *prima che io scendessi all'infernale ambascia (Limbo), "I s'appellava in terra il sommo Bene", e poi si chiamò El, come si conviene all'uso mortale, per cui ad una cosa ne deve subentrare un'altra. "I" naturalmente è Yod י, seme generante, prima lettera del nome IHVH, che all'inizio resta nascosto. Infatti la manifestazione avviene grazie ad Elohim (אלהים, che lo contiene in sé) ma è già il femminino-Prakriti che organizza la creazione, le dà ordine, e dall'alto dei cieli "cade" più in basso di tutto, nella materia*" (cfr. L'Altro Viaggio, la nostra Commedia. Una nuova interpretazione esoterica della Divina Commedia).

tioviamo che cade al decimo posto, e poiché mostriamo che ci sono due parti della Croce, e considerando ora la loro virtù numerica, è abbastanza chiaro come viene prodotto il numero 100[59].

E se per la legge dei quadrati queste due parti vengono moltiplicate insieme, danno un prodotto di 2500. Questo quadrato rispetto al quadrato del primo numero circolare, e applicato ad esso, dà una differenza di cento, che è la Croce stessa spiegata dal quadrato del suo Denario, ed è riconosciuta come 100[60]. Pertanto, poiché questo è contenuto nella figura della Croce, rappresenta anche l'unità. Con lo studio di queste teorie della Croce, la più dignitosa di tutte, siamo quindi indotti a utilizzare questa progressione, vale a dire 1-10-100, e questa ci appare essere la proporzione della Croce su scala 10[61].

---

[59] Numero romano L (50) + L (50) = 100.

[60] Ovvero LxL (50x50) diviso VxV (5x5) = 2500/25=100, ovvero il quadrato della Decade, dunque 10.

[61] Abbiamo dunque ritrovato in questo teorema la proporzione 10 di cui si è già parlato nel Teorema X.

Teorema XVII

Dopo un dovuto studio del sesto teorema è logico procedere a una considerazione dei quattro angoli retti della nostra *Croce*, a ciascuno dei quali, come abbiamo mostrato nel teorema precedente, attribuiamo il significato del *quinario* secondo la prima posizione in cui sono collocati, e nel trasporli in una nuova posizione, lo stesso teorema mostra che diventano segni geroglifici del numero *cinquanta*[62].

È abbastanza evidente che la Croce è volgarmente usata per indicare il numero dieci, e inoltre è la ventunesima lettera, seguendo l'ordine dell'alfabeto latino, ed è per

---

[62] Qui assistiamo a qualcosa di interessante, ovvero a un potenziale utilizzo della regola di scrittura della lingua ebraica per riprodurre, in modo criptato, la parola LVX, come nel rinascimento si era soliti scrivere la parola romana *lux,* parola che viene poi offerta in chiaro poche righe dopo. Come noto, la scrittura ebraica procede da destra a sinistra, dunque con movimento opposto a quella italiana. Se ripercorriamo, da destra a sinistra, la frase in esame noteremo le parole che abbiamo posto nel testo, per facilità visiva, in corsivo: cinquanta, quinario, croce, ovvero, traducendo il tutto in numeri romani, L V X. Un indizio sull'utilizzo di tale tecnica potrebbe giungerci anche dal riferimento, contenuto poche righe dopo ai Mecubali, dall'ebraico *Mekubalim.* Ma la parola LVX può essere ottenuta anche per via geometrica: la X rappresenta la Croce, insieme alle figure in cui la Croce viene scomposta, che hanno la forma di una L e una V, a seconda dell'inclinazione grafica dalla alla croce.

questo motivo che i saggi detti Mecubali designarono il numero ventuno con questa stessa lettera[63].

In effetti, possiamo fare una considerazione molto semplice su questo segno per scoprire quali altre virtù qualitative e quantitative possiede. Da tutti questi fatti vediamo che possiamo tranquillamente concludere, con il miglior calcolo cabalistico, che la nostra Croce, con una meravigliosa metamorfosi, può significare per gli Iniziati

---

[63] In realtà la lettera ebraica ת, tau, è la 22°. Eppure, quello che a prima vista appare un errore dell'autore, potrebbe essere un ulteriore indizio visto che già in altri casi Dee non ha contato la lettera iniziale o finale. Per altro, rimanendo sull'alfabeto ebraico, basti qui ricordare come la prima parola della Bibbia inizia con la ב, beth, la seconda lettera dell'alfabeto.

duecentocinquantadue[64]. Così: quattro volte cinque, quattro volte cinquanta, dieci, ventuno e uno, che sommati fanno duecentocinquantadue. Possiamo estrarre questo numero con altri due metodi come abbiamo già dimostrato: raccomandiamo ai cabalisti inesperti di produrlo, non solo di studiarlo nella sua concisione, ma anche di formare un giudizio degno dei filosofi riguardo alle varie permutazioni e produzioni ingegnose che derivano dal magistero di questo numero.

E non vi nasconderò un'ulteriore mistagogia memorabile: considera che la nostra Croce, contenente così tante idee, nasconde altre due lettere; se esaminiamo attentamente le loro virtù numeriche in un certo modo, in modo che, con

---

[64] Questo numero viene ottenuto da Dee tramite una permutazione cabalistica di non facile individuazione. Numerosi sono stati i tentativi di comprendere tale calcolo. Ad esempio vi è chi sostiene, attingendo alle opere di Rosenkreutz, che in questo aspetto sembrerebbero avere come sergente proprio il testo qui tradotto, che la parola chiave LUX sia una sostituzione di INRI che secondo la gematria darebbe 270 (I + N + R + I, yod nun resh yod, 10 + 50 + 200 + 10 = 270). Tuttavia, sappiamo che Dee attingeva anche al sapere pitagorico, e che per i pitagorici il 10 era un'altra forma della Monade; se dunque riportiamo il 10 alla Monade principale abbiamo 1 + 50 + 200 + 1 = 252. È stato anche osservato che l'alfabeto ebraico sia composto da 3 lettere madri, 7 doppie e 12 semplici, 3 x 7 x 12 = 252. Riflessione non peregrina dato che Dee era solito, come abbiamo già visto, ricorrere alla cabala, per la quale le lettere dell'alfabeto avrebbero anche un potere creativo. I significati e i legami di questo numero, però, non si limitano a quelli qui riportati, lo studioso desideroso potrà trovare numerosi ulteriori significati. Comunque, un ulteriore indizio chiave per capire il valore del numero 252 c'è lo offrirà, nel Teorema XXIII, lo stesso Dee.

un metodo parallelo, seguendo la loro forza verbale, con questa stessa Croce riconosciamo con suprema ammirazione che è da qui che deriva la Luce (*Lux*[65]), l'ultima parola del magistero, dall'unione e dalla congiunzione del Ternario all'interno dell'unità della Parola.

---

[65] Potrebbe giovare una ulteriore riflessione sulla potenziale trasformazione di *INRI* in *LUX*. Tale trasformazione sembrerebbe custodita anche nel rituale di iniziazione al grado di Adepto Minore della Golden Down. Nel trasmettere la "Key Word", la parola chiave, assistiamo ad uno scambio che principia da INRI, prima compitata in lettere latine, poi in lettere ebraiche e infine giungiamo alla compitazione proprio della parola LVX, definita *"la Luce della Croce"*. Questa parte del rituale termina con il Capo degli Adepti che afferma *"Nella Grande Parola YEHESHUAH dalla Parola Chiave I.N.R.I., e attraverso la Parola nascosta LVX, ho aperto la tomba degli Adepti"*.

Teorema XVIII

Dai nostri Teoremi XII e XIII si può dedurre che l'astronomia celeste è la fonte e la guida dell'astronomia inferiore. Se alziamo gli occhi al cielo, cabalisticamente i l l u m i n a t i d a l l a contemplazione di questi misteri, dovremmo percepire molto esattamente l'Anatomia della nostra Monade così come ci viene mostrata non solo nella Luce, ma anche nella vita e nella natura, perché rivela esplicitamente, con il suo movimento interiore, i misteri più segreti di questa analisi fisica. Abbiamo contemplato le funzioni celesti e divine di questo Messaggero celeste, e ora applichiamo questa coordinazione alla figura dell'uovo[66]. È risaputo che tutti gli astrologi insegnano che la forma dell'orbita attraversata da un pianeta è circolare, e poiché i saggi

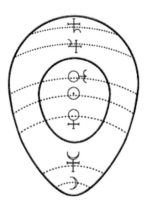

---

[66] I pianeti qui rappresentati occupano una propria posizione all'interno di un ordine cosmico ben definito. Si noterà che l'uovo è suddiviso in due sezioni: quella esterna vede la Luna, Mercurio, Giove e Saturno, da un punto di vista alchemico sono, come ci dice Dee poche righe più tardi, l'acqua all'albume; i tre pianeti centrali, Marte, Sole e Venere, invece sono l'olio del tuorlo. I pianeti esterni rappresentano le prime due fasi alchemiche, quelle iniziali, la *nigredo* e l'*albedo,* mentre i pianeti centrali le fasi finali che culminano con la felice conclusione della Grande Opera.

dovrebbero capire con un suggerimento, è così che la interpretiamo nel geroglifico mostrato, che si conforma in ogni dettaglio a tutto ciò che è successo prima. Qui noterete che gli alchimisti inesperti devono imparare a riconoscere i loro numerosi errori e a capire cos'è l'acqua dell'albume, cos'è l'olio dal tuorlo dell'uovo e cosa intendiamo per calce dalle uova[67].

Questi impostori inesperti devono imparare nella loro disperazione a capire cosa si intende con queste e molte altre espressioni simili.

Qui, nell'uovo, abbiamo mostrato quasi tutte le proporzioni che corrispondono alla Natura stessa. Questo è lo stesso uovo d'aquila che lo scarabeo in precedenza aveva rotto a causa della ferita che la crudeltà e la violenza di questo uccello causarono all'uomo timido e primitivo, perché l'aquila non fece grazia della libertà ad alcuni, sebbene si fossero rifugiati nell'antro dello scarabeo (implorando la grazia d'un aiuto).

Lo scarabeo si chiedeva in che modo solo lui potesse vendicare tale insolenza e, essendo di carattere ardente, pronto a realizzare il suo scopo con costanza e determinazione, perché non era a corto di volontà né di intelligenza.

Lo scarabeo inseguì risolutamente l'aquila e si avvalse di questo trucco molto sottile: lasciò cadere il suo sterco nel grembo di Giove dove veniva depositato l'uovo, con il

---

[67] Dee ribadisce che il linguaggio usato è simbolico e che è necessario comprendere il reale significato dei termini per poter proseguire nella Grande Opera.

risultato che il Dio nel liberarsene faceva cadere in terra l'uovo, rompendolo. Lo scarabeo con questo metodo avrebbe completamente sterminato l'intera famiglia di aquile dalla Terra se Giove, per evitare una tale calamità, non avesse deciso che, durante quella parte dell'anno in cui le aquile vegliano sulle loro uova, nessuno scarabeo dovesse volare vicino a loro. Pertanto, consiglio a coloro che sono maltrattati dalla crudeltà di questo uccello, di imparare l'arte molto utile da questi insetti solari (Heliocantharis) che vivono nascondendosi per lunghissimi periodi di tempo. Con questi indizi e segni, per i quali dovrebbero essere molto grati, loro stessi saranno in grado di vendicarsi del loro nemico[68].

E affermo (O Re!) che non è Esopo ma Edipo che mi spinge, perché ha presentato queste cose ad anime degne

---

[68] Viene qui richiamata una delle favole di Esopo, dove la vittima dell'aquila, insensibile alle preghiere dello scarabeo, è una lepre. Dopo che lo scarabeo, per vendetta, distrugge due volte le sue uova, l'aquila vola da Zeus per chiedere il suo aiuto. Il dio decide, a questo punto, di custodire lui stesso le uova, ponendole sul suo grembo (o barba). Ma lo scarabeo, tenace e risoluto, pone dello sterco su Zeus che, infastidito, nell'atto di liberarsi dello sterco, causa anche la caduta, è dunque la rottura, delle uova. Infine Zeus decide di cambiare il periodo dell'anno in cui le aquile si accoppiano, facendo in modo che le uova siano deposte in un periodo in cui non ci sono scarabei. Questa favola viene dunque letta in chiave alchemica, dove lo scarabeo affronta le varie fasi di trasformazione: *nigredo*, preparazione della palla di sterco, *albedo* nascita della nuova bianca larva che si nutre della materia preparata, appunto la palla di sterco; chiude la *rubedo*, in cui si assiste alla trasformazione definitiva, la bianca larva diventa uno scarabeo che, come ci ricorda la psicologa M.L. von Franz, "trasporta il rosso disco solare".

e si è avventurato per la prima volta a parlare di questi misteri supremi della Natura. So perfettamente che ci sono stati alcuni uomini che, per l'arte dello scarabeo, hanno sciolto l'uovo dell'aquila e il suo guscio con albume puro mescolando tutto assieme; in seguito hanno ridotto questa miscela a un liquido giallo, con un processo notevole, cioè con una circolazione incessante

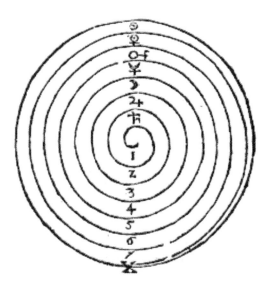

proprio come gli scarabei rotolano le loro palle di terra. In questo modo si è compiuta la grande metamorfosi dell'uovo; l'albume è stato assorbito durante molte rivoluzioni intorno alle orbite eliocentriche ed è stato avvolto in questo stesso liquido giallo. La figura geroglifica di quest'arte mostrata qui non dispiacerà a coloro che hanno familiarità con la Natura.

Leggiamo che durante i primi secoli, quest'arte era molto celebrata tra i filosofi più seri e antichi, come sicurissimi e utilissimo. Anassagora fece da questo magistero un'eccellente medicina, come si può leggere nel suo libro "Sul cordone naturale".

Colui che applica sinceramente il proprio intelletto a questi misteri vedrà chiaramente che nulla può esistere senza la virtù Geroglifica della nostra Monade.

Teorema XIX

Il Sole e la Luna riversano le loro forze corporee sui corpi degli Elementi inferiori, molto più di tutti gli altri pianeti. È questo fatto che dimostra, in effetti, che nell'analisi pirognomica[69] tutti i metalli perdono l'umore acqueo della Luna così come il liquore igneo del Sole, da cui tutte le cose corporee, terrestri e mortali sono sostenute[70].

---

[69] Dee ribadisce che il lavoro dell'alchimista per mezzo del calore è influenzato sensibilmente dal Sole e dalla Luna, i cui contributi sono determinanti per l'ottenimento della pietra filosofale.

[70] Esiste un unico elemento, e questo non solo riempie lo spazio, ma è lo spazio, e compenetra ogni atomo di materia cosmica.

Teorema XX

Abbiamo dimostrato a sufficienza che per ottime ragioni gli Elementi sono rappresentati nel nostro Geroglifico dalle linee rette, quindi affrontiamo ora una speculazione molto esatta sul punto che poniamo al centro della nostra Croce. Questo punto non può in alcun modo essere astratto dal nostro Ternario. Se qualcuno che ignora questo apprendimento divino, dovesse affermare che il punto potrebbe essere assente in questa posizione del nostro binario, risponderemmo lo supponga pure, ma ciò che rimane senza di esso non sarà certamente il nostro Binario, bensì il Quaternario che si manifesta immediatamente, perché rimuovendo il punto interrompiamo l'unità delle linee[71]. Ora, il nostro avversario può supporre che con questo argomento abbiamo ricostruito il nostro binario, dunque in realtà il nostro binario e il nostro quaternario sarebbero la stessa cosa, secondo questa considerazione, ma ciò è manifestamente impossibile.

---

[71] Abbiamo qui un richiamo alla "numerologia" pitagorica, graficamente rappresentata da una Croce. La geometria di questa forma richiama il 4 (appunto i 4 Elementi) attraverso la raffigurazione di quattro linee, mentre il ternario trova casa nell'incontro di due rette in un punto. Da un punto di vista alchemico abbiamo, si ripete, il corpo (metalli), l'anima (lo zolfo) e lo spirito (mercurio).

Il punto[72] deve necessariamente essere presente, perché con il binario costituisce il nostro Ternario, e non c'è nulla con cui possa essere sostituito. Nel frattempo non può dividere la proprietà ipostatica del nostro binario senza annullarne parte integrante. Si dimostrerà ora che non ne è parte. Tutte le parti di una linea sono linee. Questo è un punto, e questo conferma la nostra ipotesi. Pertanto, il punto non fa parte del nostro binario e tuttavia fa parte della forma integrale del binario. Ne consegue che dobbiamo prendere atto di tutto ciò che è nascosto all'interno di questa forma ipostatica e capire che non c'è nulla di superfluo nella dimensione lineare del nostro binario. Ma poiché vediamo che queste dimensioni sono comuni a entrambe le linee, si ritiene che il punto contenga l'immagine segreta da questo binario.

Con questo dimostriamo qui che il Quaternario è nascosto all'interno del Ternario. O Dio! Perdonami se ho peccato contro la Tua Maestà rivelando un mistero così grande nei miei scritti che tutti possono leggere, ma credo che solo coloro che sono veramente degni capiranno.

Continuiamo quindi a trattare del Quaternario della nostra Croce come abbiamo indicato. Cercate diligentemente di scoprire se il punto può essere rimosso dalla posizione in

---

[72] Il punto è evidentemente un elemento chiave della Monade Geroglifica, ed ha una incredibile ricchezza di significati. Secondo una prospettiva religiosa, simboleggia Dio; secondo quella alchemica, la Grande Opera che affronta ogni alchimista, o meglio quella materia da lavorare e trasformare per mezzo della Grande Opera; secondo una prospettiva astronomica, invece, indica la centralità della terra, rammentando però quanto si è già visto nel terzo teorema.

cui lo troviamo per la prima volta. I matematici insegnano che può essere spostato molto semplicemente. Nel momento in cui viene separato, il Quaternario rimane, e diventa molto più chiaro e distinto agli occhi di tutti.

Questo non fa parte delle sue proporzioni sostanziali, ma viene respinto e rimosso solo il punto confuso e superfluo.

O Onnipotente Maestà Divina, noi Mortali siamo costretti a riconoscere quale grande Saggezza e quali misteri ineffabili risiedono nella Legge che Tu hai fatto! Attraverso tutti questi punti e queste lettere i segreti più sublimi e i misteri arcani terrestri, così come le molteplici rivelazioni di questo punto unico, disposti ed esaminati da me nella tua Luce , possono essere fedelmente dimostrati e spiegati?

Questo punto non è superfluo all'interno della Trinità Divina, ma se considerato, d'altra parte, all'interno del Regno dei quattro Elementi è ignobile, corruttibile e acquoso. Beati tre e quattro volte, coloro che possono raggiungere questo punto (quasi copulativo) nel Ternario, e rifiutano e rimuovono quella parte cupa e superflua del Quaternario, la fonte delle tenebre. Così dopo alcuni sforzi otterremo paramenti bianchi brillanti come la neve.

Oh, Massimiliano! Possa Dio, attraverso questa mistagogia, rendere te o qualche altro rampollo della Casa d'Austria il più potente di tutti quando verrà il momento per me di rimanere tranquillo in Cristo, in modo che l'onore del Suo Nome possa essere restaurato tra le ombre abominevoli e intollerabili che si librano sopra la Terra.

E ora, per paura che io stesso dica troppo, tornerò immediatamente ai limiti che mi sono imposto, e poiché ho già terminato il mio discorso per coloro il cui sguardo è centrato nel cuore, ora è necessario tradurre le mie parole per coloro il cui cuore è centrato nei loro occhi.

Qui, quindi, possiamo rappresentare in una certa misura nella figura della Croce ciò che abbiamo già detto. Due linee uguali sono ugualmente e disegualmente intersecate in A, e quindi quattro linee rette separate in B (come per una sorta di mancanza 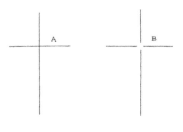 causata dal punto superfluo), vengono separate dal punto centrale, che era la loro condizione comune, senza però ricevere alcun danno. Questa è la via attraverso la quale la nostra Monade, avanzando attraverso il Binario e il Ternario, viene ricostituita dentro di sé nel Quaternario purificato attraverso la proposizione dell'uguaglianza, e che ora mostra che il tutto è uguale alle sue parti combinate, perché durante il tempo in cui ciò avviene la nostra Monade non riceve nulla da unità o numeri esterni, avendo questa Monade al suo interno il potere, che si risolve nella sua prima materia; mentre ciò che è estraneo alla sua natura e alle sue proporzioni ereditarie naturali viene rigettato con la massima cura e diligenza e respinto per sempre tra le impurità.

Teorema XXI

Se ciò che è nascosto all'interno delle profondità della nostra Monade viene portato alla luce, o, al contrario, se quelle parti primarie che sono esterne nella nostra Monade sono racchiuse al centro, vedrai fino a che punto la trasformazione filosofica può essere prodotta. Ora esporremo un'altra 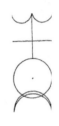 commutazione della nostra Monade mistica, usando quelle parti dei caratteri geroglifici dei pianeti superiori che ci vengono immediatamente offerte. Ciascuno degli altri pianeti a questo scopo è a sua volta collocato in una posizione che è stata spesso assegnata loro da Platone, quindi, se sono convenientemente presi in questa posizione e a questo punto in Ariete, Saturno e Giove sono in congiunzione. Scendendo, la Croce rappresenta Venere e Mercurio, seguita dal Sole stesso con la Luna in basso.

Questo sarà confutato in altri ambienti; nel frattempo, poiché non vogliamo nascondere il tesoro filosofico della nostra Monade, abbiamo preso la decisione di dare una ragione per cui la posizione della Monade è in questo modo spostata. Eppure osservate! Ascoltate questi altri grandi segreti che conosco e rivelerò per aiutare

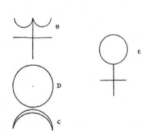

a toccare questa posizione, che posso spiegare in poche

parole. Dividiamo la nostra Monade, ora rappresentata da un aspetto diverso, e analizzata in modo diverso, come si vede in B, D, C. In questo nuovo Ternario le figure C e D sono note a tutti gli uomini, ma la figura designata B non è facile da capire.

È necessario considerare attentamente le forme note D e C, che mostrano che le essenze sono separate e distinte dalla figura B: vediamo anche che le corna della figura C sono rivolte verso il basso verso la Terra. Quella parte di D, che illumina C anch'essa verso la Terra, vale a dire verso il basso, ha al centro solo il punto visibile solitario, la Terra: infine queste due figure D e C rivolte verso l'estremità inferiore danno un'indicazione geroglifica della Terra.

Pertanto, la Terra è fatta per rappresentare, geroglificiamente, stabilità e fissazione. Vi lascio giudicare per questo cosa si intenda per C e D, dai quali potete prendere atto di un grande segreto. Possiamo qui fare una perfetta e davvero necessaria interpretazione di tutte le qualità che abbiamo in primo luogo attribuite al Sole e alla Luna, queste due stelle finora sono state poste nella posizione superiore con le corna della Luna sollevate in alto; ma ne abbiamo già parlato.

Esamineremo ora, secondo i fondamenti della nostra arte geroglifica, la natura di questa terza figura B. In primo luogo, portiamo alla Corona la doppia mezzaluna della Luna che è il nostro Ariete, girata in modo mistico. Segue poi il segno geroglifico degli Elementi, che è attaccato ad esso. Per quanto riguarda il motivo per cui usiamo la doppia Luna, si può spiegare che è secondo la materia, che richiede una doppia quantità di Luna. Parliamo di quei gradi di cui nei loro esperimenti i filosofi non sono riusciti a trovarne più di quattro, tra tutte le sostanze create, vale a dire essere, vivere, sentire e comprendere. Dicendo che i primi due di questi Elementi si trovano qui, diciamo che sono chiamati argento vivo (luna existens, viva); tutta la vita è soggetta al movimento, essendoci sei principi di movimento. La Croce che vi è unita implica che in questo artificio gli Elementi sono necessari.

Abbiamo detto molte volte che nella nostra teoria il geroglifico della Luna è come un semicerchio, e al contrario il cerchio completo significa il Sole, mentre qui abbiamo due semicerchi separati, ma che si toccano in un punto comune; se questi semicerchi sono combinati, come possono esserlo da una certa arte, il prodotto può rappresentare la pienezza circolare del Sole.

Da tutte quelle cose che abbiamo considerato, il risultato è che possiamo riassumere, e offrir in forma geroglifica, quanto segue:

l'Argento vivo, che deve essere sviluppato dal magistero degli Elementi, possiede il potere della forza solare attraverso l'unificazione dei suoi due semicerchi combinati da un'arte segreta.

Il cerchio, di cui abbiamo parlato e che designiamo nella figura con la lettera E, è così compiuto e formato. Ricorderete, abbiamo detto che il grado solare non ci viene consegnato pronto alla nostra mano dalla Natura, ma che è artificiale e non prodotto dalla Natura, essendo a nostra disposizione nel suo primo aspetto secondo la sua natura propria (come in B) in due parti separate e disciolte, e non solidamente unite nel corpo solare. Infatti, il semidiametro di questi semicerchi non è uguale al semidiametro di D e C, ma molto più piccolo. Tutti possono vederlo dal modo in cui li abbiamo disegnati nel diagramma, da cui è chiaro che i semicerchi B non hanno un'ampiezza grande come D e C.

Le proporzioni nella figura lo confermano, essendo con questo mezzo trasformato in un cerchio da B a E. Pertanto, appare davanti ai nostri occhi solo il segno di Venere. Abbiamo già dimostrato con questi sillogismi geroglifici che da B non possiamo ottenere la vera D, e che la vera C non è e non può essere completamente all'interno della natura di B; quindi, B di per sé non è in grado di diventare il vero "Argento Vivo". Puoi già dubitare del tema di questa vita e di questo movimento, se sia possibile, di fatto, possederlo naturalmente o meno. Tuttavia, come abbiamo già spiegato ai saggi, tutte quelle cose che vengono dette su B, in modo simile, saranno almeno analogiche, e tutto ciò che abbiamo brevemente insegnato riguardo a C e D può essere applicato molto bene, per analogia, a questa stessa B accompagnata dai suoi Elementi. In effetti, ciò che abbiamo assegnato alla natura dell'Ariete, dovrebbe adattarsi esattamente al caso, perché porta questa figura B, sebbene rovesciata, al suo vertice, e ciò che è unito alla figura B è la figura mistica degli Elementi.

Pertanto, vediamo da questa anatomia che solo dal corpo della nostra Monade, separato in questo modo dalla nostra Arte, si forma questo nuovo Ternario.

Non possiamo dubitare di questo, perché le parti che la componevano si riassemblano e formano tra loro, di loro di loro spontanea volontà, un'unione monadica e una simpatia che è assoluta.

In questo modo scopriamo tra queste parti una forza che è sia magnetica che attiva.

Infine, penso sia bene notare qui, a titolo ricreativo, che questa stessa B mostra molto chiaramente le stesse proporzioni nella lettera malformata e rustica in quanto porta punti visibili verso l'alto e davanti e che queste lettere sono tre in numero, altrimenti sono sei, riassumendo tre volte tre: sono grezze e malformate, instabili e incostanti, fatte in modo tale da apparire formate da una serie di semicerchi. Ma il metodo per rendere queste lettere più stabili e ferme è nelle mani degli esperti letterari. Ho qui posto davanti ai vostri occhi un'infinità di misteri: introduco un gioco ma per interrompere una teoria. Nel frattempo non capisco gli sforzi di certe persone che si sollevano contro di me. Essendo la nostra Monade ricostituita nella sua prima posizione mistica e ciascuna delle sue parti ordinata dall'Arte, consiglio ed esorto a cercare con zelo quel fuoco dell'Ariete nella prima triplicità, che è il nostro fuoco equinoziale e che è la causa per cui il nostro Sole può essere elevato al di sopra della sua qualità volgare.

Molte altre cose eccellenti dovrebbero essere studiate anche in meditazioni felici e sagge.

Passiamo ora a un altro argomento; vogliamo indicare la strada, non solo in modo amichevole ma anche fedele, a quegli altri segreti su cui dobbiamo insistere, prima di cadere nel silenzio e che, come abbiamo detto, comprendono una notevolissima infinità di altri misteri.

Teorema XXII

Sarà facilmente compreso che i misteri della nostra Monade non possono dirsi esauriti se non si è attratti verso i più segreti vasi di questa stessa Monade, e che questi misteri non devono essere rivelati a nessuno tranne agli Iniziati. Offro qui per la contemplazione di Sua Altezza Serenissima, i vasi dell'Arte Sacra che sono v e r a m e n t e   e completamente cabalistici. Tutte quelle linee che uniscono le diverse parti della nostra Monade sono molto sapientemente separate; diamo a ciascuna di esse una lettera speciale, al fine di distinguerle l'una dall'altra come vedrete nel diagramma.

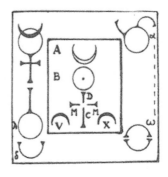

Avvertiamo che in α si trova un certo vaso artificiale, formato da A e B con la linea M. Il diametro esterno è comune sia ad A che a B, e questo non è diverso, come vediamo, da questa prima lettera dell'alfabeto greco, se non da una singola trasposizione delle parti[73].

Per primi, infatti, noi insegnammo per mezzo della retta, del cerchio e del semicerchio, la vera Simmetria Mistica

---

[73] Il vaso ha dunque una forma similare alla lettera greca α, ma ovviamente con diversa inclinazione.

di quelli (cioè come tutte le cose ricadano nello stesso proposito mistico).

Ne consegue che λ e δ sono di per sé le forme di altri vasi[74]. Vale a dire, λ è fatto di vetro e δ di terra (o argilla). In secondo luogo, λ e δ possono ricordarci il pestello e il mortaio, che devono essere fatti di sostanza adatta per poter triturare perle artificiali non perforate, lamelle di cristallo e berillo, crisolite, rubini preziosi, diamanti e altre pietre artificiali rare[75].

---

[74] Quelli che vediamo qui non sono riferimenti a strumenti dell'alchimista ma a materiali già lavorati; ad esempio il termine "vaso di vetro" stava ad indicare una crosta salmastra ottenuta dopo la cottura dei materiali.

[75] Le pietre rappresentano le diverse fasi della Grande Opera, a cui corrispondono appunto diversi colori. Nuovamente, con l'immagine del mortaio e del pestello Dee richiama il concetto basilare del processo alchemico, la distruzione e la successiva trasformazione della materia nella pietra filosofale.

Infine, ciò che è indicato dalla lettera ω è un piccolo vaso pieno di misteri[76], che non è mai lontano da quest'ultima lettera dell'alfabeto greco ora restituita alla sua mistagogia primitiva, e che è fatto da un'unica trasposizione delle sue parti componenti, composta da due semicerchi di uguali dimensioni.

Ora non serve che trattiamo qui delle strutture delle materie dei vasi (da cui devono essere composti), strutture e materie volgari ma necessarie.

Nel frattempo bisogna considerare questo α per riuscire a cogliere l'occasione per svolgere la sua funzione con una circolazione a spirale segretissima e rapidissima e un sale incorruttibile con cui si conserva il primo principio di tutte le cose, o meglio, che la sostanza che galleggia all'interno del vetriolo dopo la sua dissoluzione, mostra all'apprendista un esemplare primordiale ed assai breve

---

[76] Questo vaso ω viene ottenuto, graficamente, con due mezze lune, che unite diventano un sole. Ecco che questo vaso potrebbe dunque rappresentare la fase finale del percorso alchemico, in contrapposizione con il vaso α che indicherebbe invece la fase iniziale. Una ulteriore riflessione merita l'accento posto da Dee sulla lettera Omega, che pare acquisire una particolare rilevanza. Sembra qui di trovare un eco del lavoro dell'alchimista Zosimo, che ha dedicato importanti riflessioni proprio su questa lettera, giungendo ad affermare che l'Omega rappresenti ciò che è necessario per la preparazione dell'acqua divina e di tutte le fornaci meccaniche (*"Quella che chiama la grande e meravigliosa lettera Omega governa la sezione sugli apparecchi per lo zolfo liquido, forni di ogni sorta, meccanici e semplici allo stesso modo, e tutte le questioni in generale"*). Infine, di interesse la definizione di questo vaso, vedi nota successiva.

dell'Opera, nell'attesa che si renda loro nota una via più sottile di preparare l'Artificio.

All'interno di λ, il vaso di vetro, durante l'esercizio della sua particolare funzione, tutta l'aria deve essere esclusa o sarà estremamente pregiudizievole. Il corollario di ω è *l'uomo di tutte le ore sempre*[77]. Chi, dunque, non è ora in grado di procurarsi i frutti dolci e salutari di questa Scienza, che, dico, scaturiscono dal mistero di queste due lettere?

Frutti che in parte verranno da noi portati un po' più vicino, dal nostro Giardino delle Esperiti, quasi come se si vedessero in uno specchio.

Si avrà occasione di osservare che essi non portano nulla al centro, al di fuori della nostra Monade

Ma la linea retta che appare in α è omologa a quella che, nella separazione dell'analisi finale della nostra Croce, è già designata dalla lettera M.

Si può scoprire con questi mezzi da dove vengono prodotti gli altri. Vedi lo schema qui delineato.

---

[77] Uomo di tutte le ore, *omnium est horarum homo*, traducibile volendo anche come uomo di tutte le stagioni; questa definizione risulta di particolare interesse, forse un riferimento politico a Thomas More, definito in questo modo proprio dal suo amico Erasmo da Rotterdam. Sul punto Erasmo aveva visto in particolare nell'*eutrapelia* di More un riflesso di un uomo il cui giudizio morale era solido e sicuro. Alcuni autori affermano (teoria sulla quale però non ho trovato positivi riscontri, sebbene ciò non sia risolutivo) che tale definizione sarebbe riferita a Mercurio, e ciò creerebbe dunque un collegamento tra il mercurio materia (α) e il mercurio dei filosofi (ω).

Con queste poche parole io so che non solo do dei Principi, ma anche delle dimostrazioni a coloro nella cui interiorità vive e si fortifica il vigore igneo e l'origine celeste, affinché prestino facilmente ascolto al grande

(α)	Esistente prima degli Elementi	Adamo mortale, maschile e femminile	Mortifica-zione	Avvolto nelle Tenebre	Nato in una stalla
(✝)	Pone ordine tra gli Elementi	Realizzazione della Geneallogia Elementale	Croce	Croce	Sacrificato sulla Croce
(ω)	Esiste dopo gli Elementi	ADAMO IMMORTALE	Vivifazione	Manife-stazione	Re dei Re ovunque
Concepito dalla Sua Influenza	Potente Seme	La Creazione della Materia	Matrimonio Terrestre	Inizio	(α)
Sofferente e Sepolto	YHVH Virtù del Denaro	Purifica-zione degli Elementi	Martirio sulla Croce	Metà	(✝)
Elevato di nuovo per la sia Virtù	Glorioso e Trionfante	Trasforma-zione	Matrimonio Divino	Fine	(ω)

Democrito, che rivolgendosi a coloro che vogliono preparare un rimedio dell'anima e 'solvente' di ogni dolore, dice che questo non è un Dogma Mitico ma Mistico e Segreto, come anche che prestino ascolto quando dice che questo è stato progettato dall'artefice dell'Universo, affinché l'uomo di mente e stirpe divina lo acquisisca attraverso la corretta esecuzione e conoscenza delle scienze teologiche e mistiche.

Teorema XXIII

Presentiamo ora in forma schematica le proporzioni già osservate da noi nella costruzione geroglifica della nostra Monade, che devono essere osservate da coloro che desiderano inciderle sui loro sigilli o sui loro anelli, o utilizzarle in qualche altro modo. Nel nome di Gesù Cristo crocifisso sulla Croce, dico che lo Spirito scrive rapidamente queste cose attraverso di me; spero, e credo, di essere semplicemente la penna che traccia questi caratteri. Lo Spirito ci attira ora verso la nostra Croce degli Elementi, con tutte le seguenti misure che devono anche essere ottenute con un processo di ragionamento secondo l'argomento che si propone di discutere.

Tutto ciò che esiste sotto il cielo della Luna contiene il principio della propria generazione dentro di sé ed è formato dalla coagulazione dei quattro Elementi, a meno che non sia la sostanza primaria stessa, e questo in molti modi non è noto al popolo, non essendoci nulla nel mondo creato in cui gli Elementi sono in egual proporzione o in uguale forza.

Ma per mezzo della nostra Arte, possono essere riportati all'uguaglianza sotto certi aspetti, come i saggi ben sanno; pertanto, nella nostra Croce, rendiamo le parti uguali e diseguali.

Un'altra ragione è che possiamo proclamare somiglianza, diversità, unità o pluralità nell'affermare le proprietà segrete della Croce equilatera, come abbiamo detto prima.

Se dovessimo esporre tutte le ragioni che conosciamo, per le proporzioni stabilite in questo modo, o se dimostrassimo le cause con un altro metodo che non abbiamo utilizzato, sebbene già fatto a sufficienza per i Saggi, trascenderemmo i limiti dell'oscurità che ci siamo imposti, non senza ragione, per il nostro discorso.

Prendete qualsiasi punto, come ad esempio A, tracciate una linea retta attraverso di esso in entrambe le direzioni, come CAK. Dividete la linea CK in A attraverso una linea ad angolo retto, che chiameremo DAE. Ora prendiamo un punto qualsiasi sulla linea AK, facciamo che sia B, e otteniamo la misurazione primaria di AB, che sarà la misura comune del nostro lavoro. Prendiamo tre volte la lunghezza di AB e segniamo sulla linea centrale

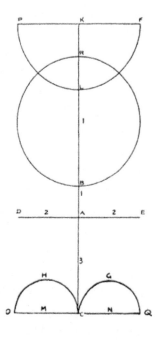

da A il punto C, che sarà AC. Ora prendiamo il doppio della distanza tra AB e segniamo con E e di nuovo in D questa lunghezza sulla linea DAE a, in modo tale che la distanza tra D ed E sia quattro volte la distanza tra A e B. Così si forma la nostra Croce dei quattro Elementi, vale a dire il Quaternario formato dalle linee AB, AC, AD, AE.

Ora sulla linea BK prendiamo una distanza pari ad AD sulla alla linea centrale e segniamo questo punto con I. Con questo punto I come centro, e IB come raggio, descriviamo un cerchio che taglia la linea AK nel punto R: dal punto R verso K segniamo una distanza uguale a AB, avremo così RK.

Dal punto K traccia una linea ad angolo retto rispetto la linea centrale su entrambi i lati, formando un angolo su entrambi i lati di AK, che sarà PFK. Dal punto K misura nella direzione di F una distanza uguale a AD, che sarà KF: ora con K come centro e KF come raggio descrivi un semicerchio FLP, in modo che FKP sia il diametro.

Infine, nel punto C tracciamo una linea ad angolo retto rispetto a CA sufficientemente lunga in entrambe le direzioni per formare OCQ. Ora sulla linea CO misuriamo da C una distanza uguale a AB, che è CM, e con M come centro e MC come raggio descriviamo un semicerchio CHO.

E allo stesso modo su CQ, dal punto C misuriamo una distanza uguale a AB che è CN, e dal centro N, con CN come raggio, tracciamo un semicerchio CGQ, di cui CNQ è il diametro.

Ora affermiamo, da questo, che tutte le misurazioni richieste si trovano spiegate e descritte nella nostra Monade.

Sarebbe bene notare, voi che conoscete le distanze del nostro meccanismo, che tutta la linea CK è composta da nove parti, di cui una è la nostra fondamentale, e che in un altro modo è in grado di contribuire alla perfezione del nostro lavoro: poi, ancora una volta, tutti i diametri e i semidiametri devono essere designati qui da linee nascoste o oscurate, come dicono i geometri. Non è necessario lasciare visibile alcun centro, ad eccezione del centro solare, che qui è contrassegnato dalla lettera I, a cui non è necessario aggiungere alcuna lettera.

Nel frattempo coloro che sono abili nel nostro meccanismo possono aggiungere qualcosa alla periferia solare, a titolo di ornamento e non in virtù di alcuna necessità mistica: per questo motivo non è stato precedentemente considerato da noi. Questo qualcosa è un anello di confine, necessariamente una linea parallela alla periferia originale. La distanza tra questi paralleli può essere fissata a una quarta o una quinta parte della distanza AB.

Si può anche dare alla mezzaluna della Luna una forma che questo pianeta assume frequentemente nel cielo, dopo la sua congiunzione con il Sole, vale a dire sotto forma di corna, che otterremo se dal punto K nella direzione di R misuri la distanza appena menzionata, cioè la quarta o la quinta parte della linea AB, e se dal punto così ottenuto, come centro, tracciamo con il

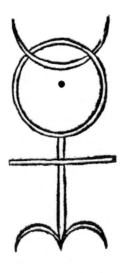

raggio lunare originale la seconda parte della mezzaluna lunare, che unisce le estremità ad entrambe le estremità del primo semicerchio.

Puoi eseguire un'operazione simile rispetto alle posizioni M e N quando erigi la perpendicolare in ciascuno di questi punti centrali; possiamo usare la sesta parte di AB o un po' meno, da quel punto, come centro, descriviamo altri due semicerchi, usando il raggio dei due primi, MC e NC.

Infine, i parallelismi possono essere tracciati su ciascun lato delle due linee della nostra Croce, ciascun lato a una distanza dalla linea centrale di un ottavo a una decima parte della distanza AB, in modo tale che la nostra Croce sia in questo modo formata in quattro linee superficiali in cui la larghezza è la quarta o la quinta parte di questa stessa linea AB.

Ho desiderato in qualche modo abbozzare questi ornamenti nella figura che ognuno può riprodurre secondo la propria fantasia. È una condizione, tuttavia, che non commettiate alcuna violazione, per quanto piccola, della simmetria mistica per paura di introdurre con negligenza una nuova disciplina in queste misurazioni geroglifiche; perché è davvero necessario che durante la progressione successiva nel tempo queste misurazioni non siano né alterate né distrutte. Questo è molto più importante di quanto siamo in grado di indicare, anche se lo abbiamo voluto, in questo piccolo libro, perché insegniamo la Verità, la figlia del Tempo, a Dio piacendo.

Ora esporremo metodicamente alcune cose che si potrebbero trovare sulla strada di ognuno di noi praticando le proporzioni della nostra Monade. Poi mostreremo con molti esempi l'esistenza di quattro linee corrispondenti alle quattro linee della nostra Croce, e che in questa considerazione non siamo in grado di annunciare semplicemente, a causa delle proporzioni e dei risultati particolari e mistici che vengono prodotti in un altro modo, dal Quaternario di queste stesse linee. E in terzo luogo, mostreremo che esistono all'interno della Natura alcune funzioni utili determinate da Dio per mezzo dei numeri, che abbiamo felicemente ottenuto e che sono spiegate in questo teorema, o in altri, contenuti in questo piccolo libro.

Infine, inseriremo altre cose in un luogo opportuno che, se convenientemente comprese, produrrà frutti in abbondanza.

Ora concludiamo bruscamente.

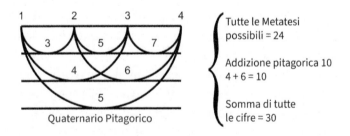

Quaternario Pitagorico

Tutte le Metatesi possibili = 24

Addizione pitagorica 10
4 + 6 = 10

Somma di tutte le cifre = 30

IL NOSTRO CANONE DI TRASPOSIZIONE (METATESI)

Consideriamo la stessa proporzione che si mostra in numeri quando è scritta nell'ordine naturale, dopo la prima Monade, poi dalla prima all'ultima fai una moltiplicazione continua, vale a dire la prima per la seconda, il prodotto di questi due per la terza, e questo prodotto per la quarta, e così via fino all'ultima; il prodotto finale determina tutte le metatesi possibili, rispetto alla proporzione nello spazio, e per la stessa ragione in proporzione a diversi oggetti che desideri

Ti dico, o Re, questa operazione ti sarà utile in molte circostanze, sia nello studio della natura che negli affari del governo degli uomini; perché è ciò che sono abituato a usare con il massimo piacere nello Ziruph o nel Themura degli Ebrei.

ORIZZONTE DELL'ETERNITA'

Le otto parti della nostra CROCE		Metamorfosi Realizzata		QUATERNARIO: il numero che è la MONADE nostro SABBATIZZATORE l'ultimo POTERE della NATURA e dell'ARTE	Superceleste	Così è fatto il Mondo
8			4			
7			3			
6			2			
5			1			
	ORIZZONTE DEL TEMPO					

L'enigma della simmetria del DENARIO				CORPO - SPIRITO - ANIMA				Etere Celeste	Terra
4	Fuoco	1000		7	3	Rosso	24. 25		
3	Aria	100		6 / 5	2	Giallo			
2	Acqua	10		4 / 3	2	Bianco	12. 13		
1	Terra	1		2 / 1	1	Nero			

63

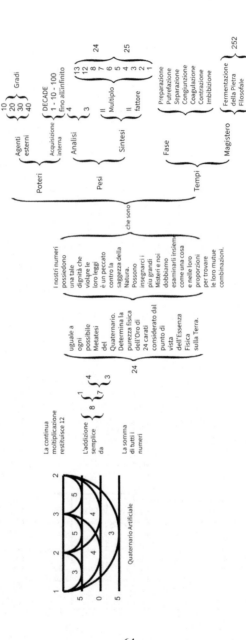

Quaternario Artificiale

La continua moltiplicazione restituisce 12

L'addizione semplice da
8
7
4
} 1
} 3

La somma di tutti i numeri 24

uguale a ogni possibile Metatesi del Quaternario. Determina la purezza fisica dell'Oro di 24 carati considerato dal punto di vista dell'Essenza Fisica sulla Terra.

I nostri numeri possiedono una tale dignità che violare le loro leggi è un peccato contro la saggezza della Natura. Possono insegnarci i più grandi Misteri e noi dobbiamo esaminarli insieme come una cosa e nelle loro proporzioni per trovare le loro mutue combinazioni.

che sono

Poteri
- Agenti esterni — Gradi
  10
  20
  30
  40
- Acquisizione interna — DECADE
  1 - 10 - 100 fino all'infinito

Pesi
- Analisi
  4
  3
- Sintesi
  Il Multiplo
  Il fattore

  13
  12
  8
  7
  6
  5
  4
  3
  2
  1
  } 24
  } 25

Tempi
- Fase
  Preparazione
  Putrefazione
  Separazione
  Congiunzione
  Coagulazione
  Contrazione
  Imbibizione
- Magistero
  Fermentazione della Pietra Filosofale } 252

So che molti altri numeri potenti possono essere prodotti dal nostro Quaternario, in virtù dell'aritmetica e del potere dei numeri. Eppure chi non capisce che una grandissima oscurità è stata illuminata con questo metodo da quei numeri che ho estratto, che hanno natura e distinzione tra una tale moltitudine, non sarà in grado di stimarne il significato, che rimarrà oscuro e non giungerà al punto. Quanti troveranno nel nostro numero l'autorità che abbiamo promesso per il peso degli Elementi, o le dichiarazioni riguardanti le misure del tempo, o la certezza delle proporzioni che possono essere assegnate ai poteri e alle forze delle cose? Tutto questo dovreste studiare nei due diagrammi precedenti.

Molte cose possono essere dedotte dai diagrammi che, è preferibile, dovrebbero essere studiati in silenzio piuttosto che divulgati apertamente a parole. Nel frattempo, vi informiamo di una cosa, tra le tante altre, rivelata ora per la prima volta da noi, rispetto a questa nuova Arte; vale a dire, abbiamo qui stabilito una causa razionale in virtù della quale il Quaternario con il Denario, in un certo modo, termina la serie numerica. Affermiamo che questa causa non è esattamente quella descritta dai Maestri che ci hanno preceduto, ma proprio come l'abbiamo affermata qui.

Questa Monade è stata restaurata integralmente e restituita fisicamente a se stessa, vale a dire è veramente la Monade Unitissima, l'unità provata delle immagini; e non è in potere della Natura, né possiamo con alcuna arte promuovere in essa alcun movimento o progressione, a meno che non sia da quattro cicli o rivoluzioni super-celestiali.

E da questa Monade viene generato ciò che vogliamo indicare come il modo e il corso della sua eminenza; e per questo motivo, non c'è nel mondo elementale, né nei mondi celesti o super-celestiali, alcun potere o influenza creata che non possa essere assolutamente favorita e arricchita dalla Monade.

Fu a causa del vero effetto di ciò che quattro uomini illustri, amici della filosofia, furono in un'occasione uniti nella grande opera. Un giorno rimasero stupiti da un grande miracolo e si dedicarono immediatamente da quel giorno in poi a cantare lodi a Dio e a predicare il tre volte Potente perché aveva dato loro tanta saggezza e potere e un così grande impero su tutte le altre creature.

Teorema XXIV

Proprio come abbiamo iniziato il primo teorema di questo piccolo libro con il punto, la linea retta e il cerchio, e l'abbiamo esteso dal punto Monadico all'efflusso lineare estremo degli Elementi in un cerchio, quasi analogo all'equinoziale che fa una rivoluzione in 24 ore, così ora finalmente consumiamo e terminiamo la metamorfosi e la metatesi di tutti i possibili contenuti del Quaternario (definito dal numero 24) dal nostro attuale ventiquattresimo teorema, all'onore e alla gloria di Lui che, come testimonia Giovanni l'Arcivescovo dei Misteri Divini, nella quarta e ultima parte del quarto capitolo dell'Apocalisse, è seduto sul Suo Trono, intorno e davanti al quale i quattro animali, ciascuno con sei ali, cantano notte e giorno senza riposo: "Santo, Santo, Santo è il Signore Dio Onnipotente, che era, è e che si manifesterà". Lo stesso che i 24 anziani delle 24 cattedre site in cerchio adorano e a cui si prosternano, avendo gettato le loro corone d'oro sulla terra, dicendo: "Degno sei tu, o Signore, di ricevere gloria, onore e virtù, perché hai creato tutte le cose ed a causa della tua volontà esse esistono e sono state create.

> Amen.
>
> Dice la quarta lettera.
>
> Δ[78]

---

[78] Δ, ovvero D, dunque Dee. La lettera Δ è stata utilizzata da Dee nei suoi testi per indicare la D (quarta lettera, quindi anche il 4 e il 3 (i lati del triangolo), oltre che come firma.

Al quale Dio ha dato la volontà e la capacità di conoscere in questo modo il mistero divino attraverso i monumenti eterni della letteratura e di concludere con grande tranquillità quest'opera il 25 gennaio, dopo averla iniziata il 13 dello stesso mese.

Nell'anno 1564 ad Anversa

CONTRACTUS AD PUNCTUM

L'occhio del Profano sarà qui oscurato e molto diffidente.[79]

---

[79] Alcuni studiosi hanno avanzato l'ipotesi che qui Dee contempli un riferimento criptato alla camera oscura, sollevando la possibilità che i teoremi rappresentino anche una descrizione delle modalità del suo funzionamento come riportati da Leon Battista Alberti. In tal caso i riferimenti alla luce ed alle tenebre e alle diverse figure geometriche assumerebbero ulteriori interessanti ambiti di meditazione. Nel *De Perspectiva*, traduzione latina (posseduta da Dee) dell'opera araba di Alhazen dedicata all'Ottica e famosa per un approccio moderno al tema, vi è una sezione dedicata alla camera oscura, tradotta in latino come **locus obscuras**. Tale termine sarebbe velato nel testo di Dee nelle parole finali della Monade, **Oculis Caligarit**, dove *locus* sarebbe contenuto letteralmente nella parola *oculus* mentre *obscuras* sarebbe contemplato per similarità di significato nella parola *caligarit*. Una sovrapposizione tra conoscenza scientifica e esoterismo non deve assolutamente stupire, considerando che nel passato tali conoscenze venivano velate perché non cadessero in mani profane. Inoltre, saranno proprio le nuove conoscenze scientifiche a caratterizzare i primi passi della Massoneria Moderna. Non è un caso che proprio un'opera dedicata all'ottica, in questo caso di Isaac Newton, sarà di ispirazione per i fondatori della Massoneria Moderna all'alba del 1700 (sul punto si rimanda al testo *Massoneria Moderna. 2023 - 1723. Un viaggio di 300 anni alla ricerca della Memoria del Futuro*).

Appendice

Geofroy Tory nel 1529 pubblicò il testo *Champ Fleury*, nel quale, fra le altre cose, viene affermato che tutte le lettere latine sarebbero derivate dalle lettere I e O. Queste due lettere vengono congiuntamente proposte dall'autore francese come segue:

Ulteriore prova del "contatto" fra Dee e il testo di Tory sembrerebbe trovarsi nell'immagine che segue, presente sempre nel testo *Champ Fleury,* che apre proprio il testo di Dee qui tradotto. Elemento interessante non è la sola compresenza della stessa Y, ma anche come questa sia riprodotta per indicare chiaramente il bivio pitagorico tra due diversi stili di vita.

Ultime pubblicazioni dell'Autore

A trecento anni dalla pubblicazione delle Costituzioni dei Liberi Muratori del 1723, quasi a vestire i panni di un investigatore storico, il lettore viene accompagnato in un intrigante viaggio nel tempo, sfidando le nebbie della memoria per riscoprire le origini della Massoneria Moderna. In un percorso costellato da antichi testi pubblicati, diari personali, incisioni stampate, frammenti dei primi verbali della Gran Loggia di Londra e Westminster, il lettore potrà non solo riscoprire il momento genetico della Massoneria Moderna, ma anche cogliere sogni e aspirazioni di coloro che possiamo definire i suoi padri fondatori. Non mancano i colpi di scena: l'Autore illustra le difficoltà affrontate nei primi anni dalla Gran Loggia e le soluzioni adottate per sfuggire al fallimento, la possibile manipolazione sull'identità dell'autore delle Costituzioni dei Liberi Muratori del 1723 e riporta alla luce un testo del 1522 che potrebbe custodire il segreto del simbolo massonico della squadra e del compasso sovrapposti con la lettera G nel mezzo. Ma non è possibile comprendere cosa sia la Massoneria Moderna senza cogliere appieno la portata modernizzatrice e futuristica dei Doveri contenuti nelle Costituzioni del 1723, che vengono puntualmente analizzati dall'Autore, con interessanti conclusioni ad esempio in ordine al divieto di iniziazione delle donne. Conclude il volume uno sguardo sulla ritualità massonica, strumento cui la Gran Loggia ha fatto ricorso per creare la nuova cultura della massoneria, illuministica, scientifica, tollerante e moderna.

Volume acquistabile su amazon.it.

Alice nel paese delle meraviglie
Un viaggio iniziatico

E' l'ora del tè? Sì, ma anche del Sé!

di
Fumero Cardano

Da piccoli abbiamo sentito e letto molte storie, molte favole. Eppure, questo percorso dovremmo rifarlo una volta maturati, perché la pienezza di questi racconti difficilmente può essere colta quando non si è ancora pronti. Le riflessioni riportate in questo commento hanno la sola finalità di offrire al lettore un punto di vista particolare su Alice nel paese delle meraviglie: favola per bambini, certo, ma anche racconto che, fra simboli ed allegorie, giochi di parole e tanta ironia, ci offre l'occasione di osservare il percorso iniziatico e di consapevolezza di una donna, Alice. Tantissimo si sarebbe potuto scrivere, ma ho preferito offrire uno scritto agile e snello. In fondo, per consentire un libero convincimento o anche solo per instillare una sana e produttiva curiosità, è spesso sufficiente dire il giusto, nulla di più. A chiunque abbia coraggio e curiosità, le porte del mistero contenuto in Alice nel paese della meraviglie sono qui aperte; sarà sufficiente varcare la soglia della copertina per penetrare nel mondo delle antiche iniziazioni, degli alchimisti, dei massoni e dei rosacroce.

Volume acquistabile su amazon.it.

TEOLOGIA ASTRALE

e

ASTRONOMIA MASSONICA

di

Robert Hewitt Brown

Traduzione di
Fumero Cardano

In questo testo del 1882, il Massone americano R.H. Brown vuole *"dimostrare che la massoneria è un sistema di scienza oltre che morale, velato in un'allegoria astronomica e illustrata da simboli astronomici. È anche intenzione di questo lavoro sbloccare questa allegoria e mostrare il vero significato scientifico e astronomico, così come l'applicazione morale, non solo di tutte le leggende, ma di tutti gli emblemi e simboli della massoneria che hanno qualche pretesa di antichità."*

Brown inizia le proprie riflessioni partendo da una analisi generale della Teologia Astrale, per poi studiare con incredibile dovizia di dettagli i rituali massonici e i simboli custoditi ancora oggi dalla Libera Muratoria moderna.

L'autore è per altro estremamente prodigo di riferimenti ad altri studiosi, nonché di analisi di usi e simboli in parte oggi poco studiati, e ciò rende questo testo ancor più prezioso per chiunque voglia approfondire il proprio sguardo sul fenomeno latomistico, sia esso iniziato o profano.

Cosa si cela dietro il rituale di iniziazione? Chi o cosa è il Maestro Hiram? Quale è l'origine delle colonne massoniche? E quante "scale" simboliche ci sono? Perché tre gradini? Cosa rappresenta il pavimento a scacchi? E la chiave di volta?

Più di trenta argomenti ricostruiti e affrontati con abbondanza di particolari e immagini preziose rendono questo testo un tesoro inestimabile.

Volume acquistabile su amazon.it.

Printed in Great Britain
by Amazon